Inhalt

Erich Zettl

Porträts – Große Menschen in ihrer Zeit

34 kurze Lesetexte zur deutschen Geistesgeschichte

Max Hueber Verlag

Bildquellenverzeichnis

Seiten 9, 15, 22, 28, 33, 76 und 81: Archiv für Kunst und Geschichte, Berlin
Seite 39: Österreichisches Theater-Museum, Wien
Seite 47: Rheinisches Bildarchiv, Köln
Seite 53: Staatsarchiv Basel-Stadt, Neg. Nr. 25885
Seite 56: Historisches Archiv der MAN, Augsburg
Seite 61: Heinrich- und Thomas-Mann-Zentrum, Lübeck
Seiten 70 und 94: dpa
Seite 88: Süddeutscher Verlag, Bilderdienst, München
Seite 97: dpa (Stephanie Pilick)
Seite 100: Joachim Rosse, Leipzig

3. 2. 1.	Die letzten Ziffern
2000 1999 98 97 96	bezeichnen Zahl und Jahr des Druckes.

Alle Drucke dieser Auflage können, da unverändert,
nebeneinander benutzt werden.
1. Auflage
© 1996 Max Hueber Verlag, D–85737 Ismaning
Druck: Schoder, Gersthofen
Printed in Germany
ISBN 3–19–001491–4

Vorwort

Dieses Buch ist für Deutschlernende gedacht, die sich für Kultur- und Geistesgeschichte interessieren. Es setzt Sprachkenntnisse voraus, die etwa der Mittelstufe des Goethe-Instituts entsprechen, zumindest aber den Anforderungen des Zertifikats Deutsch als Fremdsprache gerecht werden.

Das Buch enthält 34 Lebensbilder von bedeutenden Persönlichkeiten. Nur zögernd gebrauchen wir im Untertitel das Wort „deutsch". Lebendige Kultur ist international. Jede große kulturelle Leistung hat ihre Wurzeln in der Kultur vieler Völker und wirkt auf die Kultur vieler Völker zurück.

Die Texte behandeln jeweils ein wichtiges Werk oder ein wichtiges Ereignis aus dem Leben einer Persönlichkeit, das einen Blick auf ihren Charakter, aber auch auf die Geschichte und Kultur ihrer Zeit erlaubt und nicht zuletzt auf ihre Nachwirkung in der Gegenwart.

Zur Kultur zählen wir nicht nur Literatur, Philosophie und Erziehung, Musik, bildende Kunst und Architektur, sondern auch Wissenschaft und Technik. Die Thematik ist also weit gespannt, der Umfang des Buches ist dagegen begrenzt. Die Auswahl hat daher Lücken und ist subjektiv. Jeder Leser wird bedeutende Persönlichkeiten vermissen.

Das Buch beginnt mit der Darstellung einer der größten kulturellen Leistungen aller Zeiten, der Erfindung des Buchdrucks durch Johannes Gutenberg, und endet mit der Behandlung von Personen und Ereignissen aus unserem Jahrhundert und der Gegenwart.

Meiner Familie gebührt Dank für ihre Geduld und Mithilfe, Ruth Töllner für ihre Unterstützung bei den Korrekturen und Worterklärungen, und nicht zuletzt Eva-Maria Zettl, die die Arbeit an dem Buch kritisch begleitet und viele wertvolle Vorschläge gemacht hat. Werner Bönzli, Lektor des Max Hueber Verlags, hat das Manuskript mit großer Sorgfalt geprüft und korrigiert. Ein herzlicher Dank gebührt auch ihm.

1. JOHANNES GUTENBERG
Bücher für alle

Im Jahr 1450 wurde in Straßburg eine Bibel verkauft. Sie kostete 60 Gulden – soviel wie ein kleiner Bauernhof. Dies war jedoch keineswegs ein Höchstpreis. Man zahlte damals bis zu 100 oder sogar 120 Gulden für ein Buch; man tauschte Bücher gegen Häuser und Land; man befestigte sie mit Ketten an schweren Tischen, denn Bücher waren seltene Kostbarkeiten, oft kostbarer als Silber und Gold. Kein Wunder: Ein einziges größeres Buch wie die Bibel abzuschreiben war die Arbeit von vielen Monaten. Und die Kanzleien der Fürsten und Städte, die neuen Schulen und Universitäten, die Kirchen und Klöster – die ganze gebildete Welt hungerte nach Büchern.

Heute verlassen täglich Millionen von Büchern die Presse; in einer Stunde entstehen mehr als früher in tausend Jahren. Etwa 78 000 Titel erscheinen jährlich allein in Deutschland, darunter „Bestseller" mit Auflagen von 50 000, 75 000, ja sogar 100 000 Exemplaren. Und die Bücher sind nur ein kleiner Teil dessen, was heute gedruckt wird: Jede Woche werden in Deutschland etwa 8 Millionen Zeitschriften verkauft, jeden Tag nicht weniger als 34 Millionen Zeitungen.

Diese billigen Zeitungen, Zeitschriften und Bücher haben die Welt verändert. Ohne sie wäre das moderne Leben nicht vorstellbar. Ohne sie wären die modernen Medien, Rundfunk und Fernsehen, Telefon und Datenverarbeitung nicht entstanden. Diese neueren Medien haben die gedruckte Information nicht verdrängt, sondern ergänzt, ja sogar gefördert. Auch heute noch leben wir im Zeitalter des gedruckten Worts. Dieses Zeitalter begann vor mehr als 500 Jahren mit der Erfindung des Buchdrucks durch Johannes Gutenberg.

Über Gutenbergs Leben wissen wir wenig. Man nimmt an, daß er einige Jahre vor 1400 in Mainz geboren wurde. Erst ein Dokument aus dem Jahr 1455 wirft ein helleres Licht auf sein Leben und Werk. Es enthält das Protokoll eines Gerichtsprozesses in Mainz und das Urteil. Der Angeklagte war Johannes Gutenberg. Im Jahr 1450 hatte ihm ein Mainzer Advokat, Johannes Fust, Geld geliehen: 800 Gulden zum Aufbau einer Werkstatt und später noch einmal 800 Gulden zur Herstellung von

Büchern. Das waren sehr große Summen. 1455 forderte Fust sein Geld zurück, aber Gutenberg konnte nicht zahlen und mußte deshalb seine Erfindung und den größten Teil seiner Werkstatt Johannes Fust überlassen. Soviel erfahren wir aus dem Gerichtsdokument. Wirtschaftlich war Gutenberg ohne Erfolg geblieben; der Buchdruck jedoch war in die Welt getreten, und das bedeutendste Werk der neuen Kunst war vollendet: die sogenannte 42zeilige Bibel.

Es ist ein einzigartiges Buch. 180 Exemplare hat Gutenberg gedruckt; nur wenige davon sind heute noch erhalten. In ihrer Schönheit gleichen sie den schönsten alten Handschriften.

Das Wunderbare an der 42zeiligen Bibel ist, so schreibt Aloys Ruppel, der beste Kenner Gutenbergs, *daß dieses erste größere gedruckte Buch das Meisterwerk der Druckkunst geblieben ist bis zum heutigen Tag.*

Was war das Neue an Gutenbergs Erfindung? Die Kunst, Bilder oder Wörter in Münzen, Siegel, ja sogar auf Papier oder Pergament zu drucken, kannte man schon vor Gutenberg. Im 11. Jahrhundert gab es in China bereits Druckereien; um 1400, zur Zeit der Kindheit Gutenbergs also, auch in Korea. Das Neue und Entscheidende an Gutenbergs Verfahren war, daß er die Buchstaben einzeln goß. Zu diesem Zweck hatte er ein besonderes Gerät erfunden. Nach vielen Versuchen fand er für den Guß die geeignete Legierung aus Blei, Zink und anderen Metallen. Jeder gegossene Buchstabe befand sich auf dem Ende eines Stäbchens. Diese Stäbchen, „Lettern" genannt, wurden zu Wörtern zusammengesetzt, diese wiederum zu Zeilen, Spalten und Seiten. Den Letternblock für eine Seite spannte Gutenberg in einen Rahmen, bestrich ihn dann mit schwarzer Farbe und konnte schließlich mit Hilfe einer „Presse" den „Schriftsatz" auf Papier oder Pergament drucken.

Am 3. Februar 1468 starb Gutenberg als verarmter, einsamer und wahrscheinlich erblindeter alter Mann. Aber er hatte es noch erlebt, daß seine Erfindung sich über die Welt auszubreiten begann, daß man nicht nur in Mainz, sondern auch in Straßburg und Köln, in Rom, Barcelona und Pilsen Bücher druckte. Sieben Jahre nach Gutenbergs Tod arbeiteten deutsche Drucker in Utrecht, Brügge und Paris, in Venedig, Florenz und Neapel, in Budapest und Krakau, in Valencia und Zaragossa. Im Jahr 1500 gab es in 260 Städten Europas 1120 Druckereien, in denen insgesamt schon mehr als zehn Millionen Bücher hergestellt worden waren.

Dennoch: Verglichen mit unseren heutigen Möglichkeiten war die alte Drucktechnik noch sehr langsam. Erst 1810 gelang die erste bedeutende Verbesserung, der Druck mit einem sich drehenden Zylinder. 1814 arbeitete die erste dieser „Schnellpressen" bei der Londoner „Times". Jetzt war es möglich, billige Tageszeitungen zu drucken, wie wir sie heute kennen.

Die nächsten Schritte waren die Rotationsmaschine mit mehreren rotierenden Zylindern (1863) und eine Setzmaschine (1886), mit der man wie auf einer Schreibmaschine schreiben konnte. In jüngster Zeit haben Computer und Lasertechnik die Druckkunst weiter revolutioniert.

Was immer die Welt heute ist, böse und gut zugleich, das hat Gutenbergs Erfindung aus ihr gemacht; denn sie ist die Quelle, aus der alles strömt. [...] Das Unglück, das seine große Erfindung auch herbeiführte, ist überreich ausgeglichen durch das Glück, das ihr die Menschheit verdankt.

Dies ist das Urteil des amerikanischen Schriftstellers Mark Twain. Und von dem französischen Dichter Victor Hugo stammt das Wort:

Die Erfindung der Buchdruckerkunst ist das größte Ereignis der Weltgeschichte.

Abb. 1:   Eine Seite von Gutenbergs 42-zeiliger lateinischer Bibel (Psalmen 1 bis 4). Die Initialen und die Verzierungen sind von Hand gemalt. In Gutenbergs Bibel sind 290 verschiedene Druckzeichen zu finden; damit ließen sich auch alle die besonderen Zeichen drucken, die man aus den Handschriften gewohnt war. Wahrscheinlich hatten sechs Setzer zwei Jahre oder mehr benötigt, um die Bibel zu setzen. Von den ungefähr 180 Exemplaren, die Gutenberg gedruckt hat (davon etwa 30 auf Pergament), sind heute noch 47 erhalten, allerdings nicht alle vollständig.

de hebreis voluminibus addidi: nouerit eque vsq; ad duo pūcta iuxta theodotionis dumtaxat editionē: qui simplicitate sermonis a septuaginta interpretibus nō discordat. Hec ego et vobis et studioso cuiq; fecisse me sciens nō ambigo multos fore qui vel inuidia vel supercilio malent contemnere et videre predara quam discere: et de turbulento magis riuo quam de purissimo fōte potare. Explicit prologus. Incipit liber hymnorum vel soliloquioz.

eatus vir qui non abijt in consilio impiorū: et in via peccatorum nō stetit: et in cathedra pestilēcie nō sedit. Sed erit in lege domini voluntas eius: et in lege eius meditabitur die ac nocte. Et erit tamqz lignum quod plātatum est secus decursus aquarū: qd fructū suū dabit in tpe suo. Et foliū eius nō defluet: et omnia quecūq; faciet prosperabūtur. Non sic impij nō sic: sed tamqz puluis quē proicit ventus a facie terre. Ideo nō resurgūt impij i iudicio: neq; peccatores in cōsilio iustorū. Quoniam nouit dominus viam iustoz: et iter impiorum peribit. Psalmus dauid.

uare fremuerunt gētes: et ppli meditati sunt inania? Astiterūt reges terre et prīcipes conuenerūt in vnū: aduersus dominū et aduersū cristū eius. Dirumpamus vincla eoz: et piciamus a nobis iugū ipoz. Qui habitat i celis irridebit eos: et dominus subsānabit eos. Tunc loquet ad eos in ira sua: et in furore suo cōturbabit eos. Ego autem cōstitutus sum rex ab eo super syon montem sanctū eius: predicās preceptū rius. Dominus dixit ad me filius

meus es tu: ego hodie genui te. Postula a me et dabo tibi gentes heredi tatem tuā: et possessionē tuā terminos terre. Reges eos i virga ferrea: et tanqz vas figuli cōfringes eos. Et nūc reges intelligite: erudimini qui iudicatis terrā. Seruite dūo i timore: et exultate ei cū tremore. Apprehendite disciplinam: ne quādo irascatur dominus et pereatis de via iusta. Cum exarserit in breui ira eius: beati omnes qui confidunt in eo. Psalmus dauid Cum fugeret faciem absolon filij sui.

omine qd multiplicati sunt qui tribulāt me: multi insurgūt aduersum me. Multi dicūt anime mee: nō est salus ipsi in deo eius. Tu aūt dūe susceptor meus es: gloria mea et exaltās caput meū. Voce mea ad dominū clamaui: et exaudiuit me de mōte sancto suo. Ego dormiui et soporatus sum: et exurrexi quia dūs suscepit me. Non timebo milia populi circundantis me: exurge dūe saluū me fac deus meus. Quoniam tu percussisti omnes aduersantes michi sine causa: dentes peccatorū cōtriuisti. Domini est salus: et super populū tuum benedictio tua. In finem in carminibus. psalmus d.

um inuocarē exaudiuit me deus iustitie mee: i tribulatione dilatasti michi. Miserere mei: et exaudi orationē meā. Filij hominū vsq; quo graui corde: ut quid diligitis vanitatem et queritis mendacium? Et scitote quoniam mirificauit dūs sanctum suū: dūs exaudiet me cū clamauero ad eū. Irascemini et nolite peccare: qui dicitis in cordibus vestris in cubilibus vestris compungimini. Sacrificate sacrificiū iustitie et sperate in domino: multi dicunt quis ostendit nobis bona?

2. MARTIN LUTHER
Die deutsche Bibel und die deutsche Sprache

Bei Eisenach in Thüringen steht auf einem Felsen eine alte Burg aus dem 11. Jahrhundert, die Wartburg. Man nannte sie früher den „Mittelpunkt Deutschlands". Im Jahr 1521 hat dort Martin Luther das Neue Testament ins Deutsche übersetzt. Kein anderes Buch hat die deutsche Sprache so stark geprägt wie Luthers Übersetzung der Bibel.

Martin Luther war Professor der Theologie an der kleinen Universität Wittenberg in Sachsen. Er war mit der Kirche in Konflikt geraten, weil er eine neue Lehre verkündete. „Von der Freiheit eines Christenmenschen" war der Titel einer seiner Schriften. Frei zu sein von den Gesetzen der alten Kirche und vor allem frei zu sein von der Herrschaft des Papstes in Rom – das war es, was Luther mit dieser Freiheit meinte. Aber was sollten die Christen glauben, wenn viele Gesetze der alten Kirche unrecht und viele ihrer Lehren falsch waren? Die einzige Quelle des Glaubens – so lehrt Luther – ist die Bibel.

Eine gute deutsche Bibel gab es damals aber nicht. Zwar gab es Übersetzungsversuche aus dem Lateinischen, aber diese waren ungenau und für viele kaum zu verstehen. Luther stand also vor einer schwierigen Aufgabe: Er mußte die Bibel neu übersetzen. Sein Ziel war jedoch nicht eine Übersetzung aus einer Übersetzung, sondern eine für alle verständliche Übertragung aus dem griechischen Original ins Deutsche.

Aber was hieß „ins Deutsche"? Das Volk sprach Dialekte. Leute aus dem Norden und aus dem Süden Deutschlands verstanden einander, wie wir von Luther selbst wissen, fast nicht. Nur die Gebildeten konnten sich leicht verständigen: Ihre internationale Sprache war das Latein.

Aus dem Zerfall des mittelalterlichen Reiches hatten sich viele kleine Staaten und Reichsstädte gebildet. Ihre Verwaltungen, die sogenannten „Kanzleien", brauchten eine Sprache, welche auch für die Bürger verständlich war, die nicht Latein konnten. So entstand das Bedürfnis nach einer einheitlichen deutschen Sprache, vor allem einer einheitlichen Schriftsprache. Doch der Schriftverkehr der Kanzleien führte nicht zu diesem Ziel. Es bildeten sich vielmehr verschiedene „Schreiblandschaften" mit ganz unterschiedlichen „Schreibformen" der Wörter, die immer noch stark von Dialekten geprägt waren.

Luthers Dialekt war das Ost-Mitteldeutsche, das in Thüringen und Sachsen gesprochen wird. Dies war ein glücklicher Umstand, denn das Mitteldeutsche bildet die sprachliche Brücke zwischen dem Oberdeutschen im Süden und dem Niederdeutschen im Norden. Auch im sprachlichen Sinn war also Luthers Heimat die Mitte Deutschlands.

Dennoch konnte Luther nicht einfach in seine Mundart übersetzen. Er mußte versuchen, so zu schreiben, daß möglichst alle Deutschen ihn verstanden. Viele mundartlichen Ausdrücke konnte er deshalb nicht verwenden.

Es ist uns wohl oft begegnet, so klagt er, daß wir vierzehn Tage, drei, vier Wochen haben ein einziges Wort gesucht, haben es dennoch zuweilen nicht funden.

Luther kannte die „Schreibformen" der sächsischen Kanzlei und verwendete sie. Aber deren komplizierten Stil, der an das Latein erinnerte, lehnte er ab. Nicht nur die Gebildeten sollten die Bibel lesen, sondern alle. Sein Vorbild war daher nicht die Sprache der Gelehrten, sondern die des einfachen Volkes.

Man muß nicht die Buchstaben in der lateinischen Sprache fragen, wie man soll Deutsch reden [...], sondern man muß die Mutter im Hause, die Kinder auf der Gassen, den gemeinen Mann auf dem Markt drum fragen und denselbigen auf das Maul sehen, wie sie reden, und danach dolmetschen, so verstehen sie es denn und merken, daß man Deutsch mit ihnen redet.

Die Lutherbibel wurde ein Meisterwerk und zugleich das erfolgreichste Buch in deutscher Sprache bis zum heutigen Tag. Dieser Erfolg wäre jedoch nicht möglich gewesen ohne die neue Kunst des Buchdrucks. 1522 beendete Luther auf der Wartburg die Übersetzung des Neuen Testaments. In den folgenden zwei Jahren sind in Wittenberg nicht weniger als 15 Auflagen mit je etwa 3000 Exemplaren und 66 Nachdrucke in anderen deutschen Städten erschienen – in einer Zeit, als viele noch gar nicht lesen konnten. Voller Neid berichtet ein Gegner Luthers:

Weiber und andere einfältige Idioten trugen dieses neue lutherische Evangelium [...] mit sich im Busen herum und lernten es auswendig.

1534 erschien die Gesamtausgabe „Biblia, das ist die ganze Heilige Schrift deutsch". Sie wurde das „Volksbuch" der Deutschen.

In wenigen Jahren nach 1522 übersprang die Wirkung der Lutherbibel die deutschen Sprachgrenzen. 1526 druckte ein Schüler Luthers, Tyndall, seine englische Bibel in Deutschland. 1524 erschien das Neue Testament in dänischer und 1525 in niederländischer Sprache. Schweden erhielt sein Neues Testament 1526, Island 1540 und Finnland 1548.

Die Sprache Luthers hat die deutsche Hochsprache geprägt, wie wir sie heute sprechen und schreiben. Dies gilt für die Aussprache, für die Wortformen und den Wortschatz nicht weniger als für den Stil. Viele Redewendungen und Sprichwörter stammen aus der Lutherbibel: „Recht muß doch Recht bleiben", „Unrecht Gut gedeiht nicht" oder „Das Werk lobt den Meister". Zahlreiche Wörter hat Luther neu geschaffen, wie „friedfertig", „gastfrei" und „Herzenslust"; andere, wie „Einfluß" und „geistreich", wurden durch Luther in die Schriftsprache aufgenommen, ebenso das schöne Wort „die Muttersprache".

Mitten in der Zeit des Zerfalls des alten deutschen Reiches legte so Luther die Grundlage für eine gemeinsame deutsche Sprache und eine gemeinsame deutsche Kultur.

3. NIKOLAUS KOPERNIKUS
Die Erde – ein Raumschiff

„Der Narr will die ganze Kunst Astronomiae umkehren."

Der „Narr", von dem Martin Luther spricht, ist Nikolaus Kopernikus, Domherr in Frauenburg an der Ostsee, damals eine kleine Stadt, die dem polnischen König gehörte. Kopernikus behauptete: „Die Erde bewegt sich um die ruhende Sonne." Dabei wußte doch jeder, daß die Erde im Zentrum des Universums ruhte! Diese jahrtausendalte Vorstellung sollte falsch sein? Aristoteles und Ptolemäus, die Könige der Wissenschaft, sollten sich geirrt haben? Konnte man der Bibel nicht mehr glauben? Den

Augen nicht mehr trauen? – Unmöglich! Luther war nicht der einzige, der Kopernikus für einen Narren hielt.

Wie war der Domherr in Frauenburg auf diese absurde Idee gekommen? Ein junger Lehrer der Mathematik, Georg J. Rheticus, wollte es genau wissen. Seit kurzem unterrichtete er in Wittemberg – an der Universität Martin Luthers. Rheticus faßte den Entschluß, nach Frauenburg zu reisen. Er wollte Kopernikus selbst befragen. Nach einer langen Fahrt kam Rheticus im Juli 1539 an seinem Ziel an; einige Monate später verabschiedete er sich von Kopernikus als sein bester Schüler und Freund. Ohne diese Reise des jungen Mathematikers wäre wahrscheinlich eines der wichtigsten Werke in der Geschichte der Naturwissenschaften nie erschienen: „De revolutionibus orbium coelestium" – „Von den Kreisbahnen der Himmelskörper".

Die griechischen Astronomen des Altertums glaubten, daß der Mond, die Sonne, die einzelnen Planeten und der Fixsternhimmel an riesigen „Sphären" befestigt seien, die sich um die Erde als Mittelpunkt drehten. Aber je genauer man die Planeten beobachtete, umso fragwürdiger wurde diese Vorstellung. Zwar scheinen die Sonne und die Planeten am Fixsternhimmel immer auf derselben „Straße" von Westen nach Osten zu wandern; aber seltsamerweise werden die Planeten nach einer bestimmten Zeit langsamer, scheinen stehenzubleiben, dann sogar ein Stück zurückzulaufen, bevor sie endlich in der ursprünglichen Richtung weiterziehen.

Woher kam diese Rückwärtsbewegung der Planeten? Der griechische Astronom Ptolemäus († um 160 nach Christus) lehrte folgendes: Eine Planetenbahn setzt sich aus zwei Bewegungen zusammen. Der Planet beschreibt einen kleinen Kreis, dessen Mittelpunkt weit von der Erde entfernt ist. Der Mittelpunkt dieses kleineren Kreises wandert in einem großen Kreis um die Erde. Mit dieser Erklärung war Kopernikus nicht zufrieden. Man konnte doch nicht annehmen, daß die Himmelskörper, sichtbare Zeichen der göttlichen Ordnung und Harmonie, so komplizierte, ungleichförmige Bewegungen ausführten! Es gab nur *eine* einfache und überzeugende Erklärung: Die Erde bewegt sich wie alle anderen Planeten um die ruhende Sonne.

Wann hatte Kopernikus diese Idee? Als er von 1494 bis 1504 in Italien studierte? Oder erst nach seiner Rückkehr in die Heimat? Wir wissen es nicht. Fast vierzig Jahre lang hat Kopernikus die Sterne beobachtet und seine Beobachtungen aufgeschrieben. Seine „astronomischen Instrumente" waren drei einfache Holzstäbe – das Fernrohr wurde erst hundert Jahre später erfunden.

Lange blieben seine Aufzeichnungen unfertig. War nicht noch so vieles ungeklärt? Würde man ihn nicht für einen Narren halten? Wie würden die Autoritäten der Kirche reagieren? Kopernikus wollte seine Lehre nicht bekanntmachen. Erst der Besuch des jungen Rheticus gab ihm endlich den Mut, sein Buch der Welt vorzustellen. 1540 brachte Rheticus eine Kopie nach Nürnberg mit und übergab sie der lutheranischen Druckerei des Petrejus zur Veröffentlichung.

In der Mitte aber von allem herrscht die Sonne; denn wer möchte in dem schönen Tempel des Universums diese Leuchte an einen anderen oder besseren Ort setzen? [...] Die Sonne ist es, welche auf dem königlichen Thron sitzend die sie umkreisende Familie der Gestirne lenkt.

Am 24. Mai 1543 erhielt Kopernikus – so berichtet ein Freund – sein fertiges Buch. Wenige Stunden danach schloß er am gleichen Tag die Augen für immer.

Man hat die Schrift des Kopernikus – in Anspielung auf ihren Titel – das „Buch der Revolutionen" genannt; denn sie bedeutete nicht nur eine Umwälzung auf einem bestimmten Gebiet der Wissenschaft, sondern vor allem eine Revolution unserer Vorstellung vom Universum und dem Platz, den der Mensch darin einnimmt. Der Mensch wurde sozusagen „in das Weltall hinausgeworfen". Heute gilt auch die Sonne nicht mehr als das Zentrum des Kosmos. Unter Milliarden anderer Sterne liegt sie irgendwo am Rand der Milchstraße, welche wiederum ein Sternsystem unter Milliarden von anderen bildet – in einem riesigen, sich ständig vergrößernden Raum, dessen Mittelpunkt überall ist und nirgends.

Doch unter allen Entdeckungen und Überzeugungen – so schreibt Goethe – möchte nichts eine größere Wirkung auf den menschlichen Geist hervorgebracht haben als die Lehre des Kopernikus.

Abb. 2:   Doppelseite aus Kopernikus' handschriftlichem Werk „De revolutionibus orbium coelestium libri VI" mit seiner Darstellung des Sonnensystems. Kopernikus hatte sein Werk Papst Paul III. gewidmet. Die Kirche gab lange Zeit keinen Kommentar zu dem Buch; erst im Jahre 1616 wurde es auf den Index der verbotenen Bücher gesetzt.

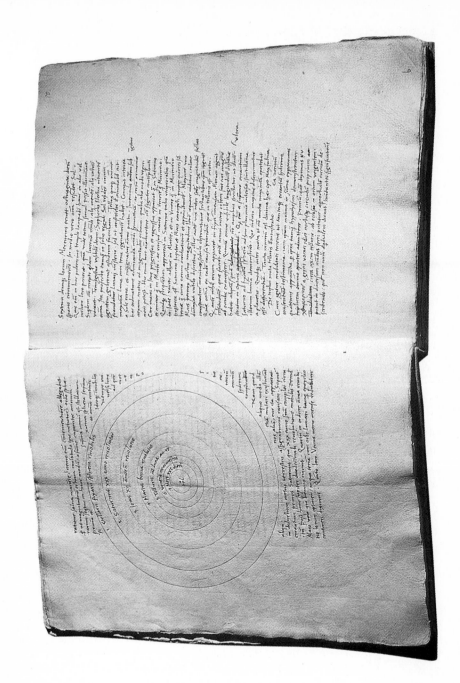

4. JOHANNES KEPLER
Astronomia nova

Im Januar 1600 zog Johannes Kepler durch Sturm und Schnee über die österreichischen Alpen. Er hatte Fieber. Wochenlang war er schon unterwegs. Er kam aus Graz, wo er als Mathematiklehrer gearbeitet hatte. Die Protestanten waren aus Graz vertrieben worden, und auch der aus Württemberg stammende protestantische Kepler hatte Graz verlassen. Sein Reiseziel war Prag, damals die Residenz Kaiser Rudolfs II.

Rudolf II. war ein sonderbarer Kaiser. Anstatt zu regieren, widmete er sich geheimen Künsten, besonders der Astrologie. Er hatte den dänischen Astronomen Tycho Brahe an seinen Hof berufen. Tycho Brahe suchte einen Assistenten und entschied sich für Kepler, den heimatlosen Emigranten aus Graz.

Keplers Begegnung mit Tycho Brahe gilt als „Sternstunde" in der Geschichte der Astronomie. Der dänische Astronom hat zum ersten Mal die Positionen der Himmelskörper präzise vermessen, vor allem die sich verändernden Positionen der Planeten. Aber bereits im Oktober 1601 starb Tycho Brahe, und Kepler wurde sein Nachfolger als kaiserlicher Mathematiker.

Damals war das Weltbild des Kopernikus noch heftig umstritten. Tycho Brahe lehnte es ab; Kepler hielt es für richtig. Oder war es vielleicht doch falsch? Kepler verglich die von ihm berechneten Positionen der Planeten mit Tycho Brahes Aufzeichnungen und fand, daß sie nicht übereinstimmten. Besonders rätselhaft war die Bahn des Planeten Mars. Offensichtlich war diese Bahn kein Kreis, wie Kopernikus angenommen hatte, die Sonne war nicht ihr Mittelpunkt, und die Bahngeschwindigkeit des Mars war nicht konstant.

Kepler stellte sich die Aufgabe, diese Rätsel zu lösen. Das Resultat seiner Arbeit, die ihn von 1601 bis 1606 beschäftigte, war die „Astronomia Nova", eines der größten Meisterwerke der Naturwissenschaften aller Zeiten. Die Berechnungen füllen neunhundert eng beschriebene Seiten; ihr Ergebnis sind die ersten beiden der Gesetze, die heute Keplers Namen tragen:

– Ein Planet bewegt sich auf einer Ellipsenbahn, in deren einem Brennpunkt sich die Sonne befindet.

– Die Verbindungslinie Sonne-Planet überstreicht in gleichen Zeiten gleiche Flächen.

Ein drittes Gesetz fand Kepler einige Jahre später: Die zweite Potenz der Umlaufzeit geteilt durch die dritte Potenz des mittleren Sonnenabstandes hat für alle Planeten den gleichen Wert.

Diese Gesetze gelten nicht nur für die Planeten, sondern für die Bahnen aller Himmelskörper: für die Monde und künstlichen Satelliten ebenso wie für die Bahn der Sonne um das Zentrum der Milchstraße. Zusammen mit Tycho Brahes und Keplers Meßwerten erlauben sie die Berechnung der Planetenstellungen aller Jahrhunderte vor und nach unserer Zeit.

Mein Ziel ist es zu zeigen, so schrieb Kepler, *daß die himmlische Maschinerie [...] von der Art eines Uhrwerks ist, daß die ganze Vielfalt ihrer Bewegungen von einer einfachsten [...] Kraft herrührt.* Und an anderer Stelle: *Die Natur liebt die Einfachheit, sie liebt die Einheit.*

Hinter den vielfältigen Erscheinungen der Natur suchte Kepler also nach einfachen Gesetzen und Prinzipien; wie Goethes Faust wollte er erkennen, „was die Welt im Innersten zusammenhält". Die Naturgesetze sind für Kepler, der ein tief religiöser Mensch ist, Gedanken Gottes; sie zu erkennen ist für ihn die Aufgabe des Menschen.

1611 endete Keplers glückliche Zeit. Sein sechsjähriger Sohn und seine Frau starben. In Prag brach Krieg aus, und der Kaiser wurde entmachtet. Nun wollte Kepler nicht mehr in der Stadt bleiben, in der er ein Jahrzehnt angesehen und erfolgreich gearbeitet hatte. Wieder heimatlos, zog er im Mai 1612 in die österreichische Stadt Linz. Neue Sorgen erwarteten ihn hier. Schon lang herrschte erbitterter Streit zwischen den Konfessionen. Kepler, obwohl Anhänger Luthers, wurde verdächtigt, Calvinist zu sein, und aus seiner Kirche ausgeschlossen. Für die dogmatischen Theologen war es unerträglich, daß Kepler in religiösen Fragen ebenso selbständig und tolerant urteilte wie in der Wissenschaft.

Kepler hatte Freunde unter allen Konfessionen; nie hat er einen Menschen wegen seines Glaubens gering geschätzt. Umso mehr litt er unter den Glaubenskämpfen, unter „jener Geisteskrankheit", wie er sagte, „die ein barmherziger Gott heilen möge."

1618 begann der Dreißigjährige Krieg, die schlimmste Folge jener „Geisteskrankheit". Wieder wurden Menschen wegen ihres Glaubens getötet und vertrieben, auch in Linz.

Es ist schon ein großer Trost, daß wir nicht verbrannt werden, schrieb Kepler an einen Freund, *sondern daß man uns erlaubt, weiterzuleben, sofern diese Erlaubnis überhaupt für denjenigen von Bedeutung ist, dem man alles zum Leben Notwendige genommen hat.*

Schließlich konnte Kepler auch in Linz nicht mehr bleiben und verließ die halbzerstörte Stadt.

Im Herbst 1630 ritt Kepler bei Kälte und Regen über die fränkischen Berge. Wieder war er wochenlang unterwegs gewesen; wieder war er krank. Sein Reiseziel war Regensburg an der Donau, damals der Aufenthaltsort Kaiser Ferdinands II. Kepler und seine Familie waren verarmt. Nun hoffte er, vom Kaiser eine Geldsumme zu bekommen, die dieser ihm schon seit Jahren schuldete. Doch es war Krieg, und die kaiserliche Kasse war leer. Die letzte der mühevollen Reisen Keplers war umsonst. Krank und erschöpft fand er am 15. November 1630 in Regensburg den Tod.

5. Friedrich Spee von Langenfeld

Einer, der die Wahrheit sagt

Die erste Hälfte des 17. Jahrhunderts gehört zu den dunkelsten Zeiten der deutschen Geschichte. Die alte Kirche war zerfallen; Feindschaft herrschte zwischen den Konfessionen, zwischen den alt- und neukirchlichen Fürsten und Städten. Schon um die Mitte des 16. Jahrhunderts wütete in Deutschland ein Macht- und Religionskrieg. Das Volk lebte in doppelter Angst und Unsicherheit: Zu der natürlichen täglichen Bedrohung durch Unwetter und Unglück, durch Hunger und Seuchen kam jetzt noch die Furcht vor Krieg und Gewalt.

1618 begann ein neuer Krieg. Wer ist schuld an Hunger und Krankheit, an Unwetter und Gewalt? so fragte man. Sind es nicht der Teufel und böse Menschen, die mit dem Teufel im Bunde stehen? Der Glaube an Hexen und Zauberer ist uralt. Jetzt wurde er neu entflammt durch die Ängste der Zeit und nicht zuletzt auch durch den fanatischen Eifer der Kirchen. Eine Verdächtigung genügte, um jemanden der „Hexerei" anzuklagen, zu foltern und lebend zu verbrennen. Wer die Hexenprozesse kritisierte oder sie verhindern wollte, machte sich selbst verdächtig. Er mußte mit dem Tod rechnen. Zehntausende unschuldiger Menschen, besonders Frauen, fielen im 16. und 17. Jahrhundert dem Hexenwahn zum Opfer.

Da erschien im Jahr 1631 ein Buch in lateinischer Sprache mit dem Titel „Cautio criminalis", auf deutsch „Rechtliche Bedenken". Der Verfasser des Buches war nicht genannt, und der Titel war vorsichtig gewählt, aber der Inhalt des Buches war eine vernichtende Kritik an den Hexenprozessen und allen, die daran schuld waren.

Was sind das für Leute, die Hexen anklagen? fragt der Verfasser, und er gibt auch die Antwort:

Die erste Gruppe besteht aus Theologen, die gemütlich und zufrieden in ihren Studierstuben sitzen. Von dem, was in den Gerichten geschieht, vom Schrecken der Kerker, [...] dem Jammer der Armen haben sie nichts erfahren.

Als zweite Gruppe nennt der Verfasser Juristen, die erkannt haben, daß die Hexenprozesse ein gutes Geschäft sind. Aber auch das Volk trägt einen großen Teil der Schuld:

Es ist kaum zu glauben, was es bei den Deutschen und besonders bei den Katholiken für Aberglaube, Neid, Verleumdung [...] und dergleichen gibt. [...] Sie sind es, die zuallererst den Verdacht der Hexerei in die Welt setzen.

Und die mächtigsten Herren in dieser Zeit, die Fürsten? Sie haben die Hexenverfolgung nicht nur geduldet, sie haben sie sogar gefördert, so schreibt der Autor weiter, und er stellt seinem Buch das Seneca-Zitat voran:

Ich will zeigen, was den großen Herren mangelt, und was denen fehlt, die alles besitzen: einer, der die Wahrheit sagt.

Wer war der Verfasser dieses Buches? Eines war klar: Würde sein Name bekannt werden, dann müßte er mit dem Schlimmsten rechnen. Mitglieder des katholischen Jesuitenordens erkannten zuerst, wer der anonyme Verfasser war. Er war einer von ihnen: Friedrich Spee von Langenfeld, damals Lehrer am Jesuitenkolleg in Paderborn, angefeindet von dogmatischen Theologen, verehrt von seinen Studenten. Heute ist er bekannt als Dichter, seine Sammlung geistlicher Lieder ist ein Höhepunkt der deutschen barocken Lyrik. Vielleicht hat Friedrich Spee an das Leiden seiner eigenen Zeit gedacht, als er das Lied über das Leiden Christi schrieb, das mit den Strophen endet:

Der schöne Mon will untergohn,
Für Leid nit mehr mag scheinen.
Die Sternen lan ihr Glitzen stahn,
Mit mir sie wollen weinen.

Kein Vogelsang noch Freudenklang
Man höret in den Luften,
Die wilden Tier traurn auch mit mir
In Steinen und in Kluften.

Noch kannten nur wenige den Namen des Verfassers der „Cautio criminalis", als über das Buch und seinen Autor schon ein leidenschaftlicher Streit begann. Die „Cautio criminalis" sei „ein allerverderblichstes Buch" – so schrieb der katholische Weihbischof von Osnabrück. Zum Glück hatte Friedrich Spee unter den Geistlichen nicht nur Gegner, sondern auch Freunde, die bereit waren, ihn zu schützen.

Ein unerwartetes Ereignis änderte die Lage: Der protestanische König von Schweden, Gustaf Adolf, näherte sich mit seinen Truppen Paderborn. Eilig wurde das Jesuitenkolleg geschlossen und nach Köln verlegt. Auch in Köln waren der Verfasser und sein Buch das Ziel haßerfüllter Angriffe. Im Mai 1632 war Spee am Ende. Er bat um Versetzung in eine andere Provinz. Sein Vorgesetzter sorgte dafür, daß er ein Lehramt in Trier bekam.

Doch der Krieg verschonte auch diese Stadt nicht. Die Franzosen besetzten Trier. Zu Beginn des Jahres 1635 erschienen kaiserliche Truppen und stürmten am 26. März die Stadt. Die Straßen waren bedeckt mit Toten und Verwundeten. Friedrich Spee und seine Mitbrüder gingen hinaus und halfen, so gut sie konnten. Bis in den Sommer hinein arbeitete Spee als Pfleger. In der Sommerhitze brach unter den Verletzten eine pestartige Seuche aus. Spee, selbst bereits geschwächt, pflegte die Kranken unter Lebensgefahr weiter. Anfang August ergriff die Krankheit auch ihn. Am 7. August starb Pater Spee, gerade 44 Jahre alt.

Sein Buch aber lebte weiter. In seinem Todesjahr erschien die erste, 1647 die zweite, zwei Jahre später die dritte deutsche Bearbeitung. 1660 wurde das Buch ins Französische übersetzt. Wir wissen nicht, wie vielen Menschen Spees Wirken das Leben gerettet hat, als nach einigen Jahrzehnten der Hexenwahn endlich verschwand. Ohne Zweifel waren es Tausende.

6. ANDREAS SCHLÜTER
Bildhauer und Architekt des preußischen Barock

Der Dreißigjährige Krieg verwüstete auch die Mark Brandenburg. Das Land war macht- und hilflos, seine Hauptstadt Berlin verarmt und geplündert. 1640 zählte die Stadt kaum mehr als 5000 Einwohner.

In diesem Jahr übernahm ein neuer Herrscher die Regierung, Friedrich Wilhelm I. Er ist in der deutschen Geschichte bekannt als „der Große Kurfürst". Mit ihm begann der Aufstieg Brandenburg-Preußens zur Militär- und Großmacht. Mehr als zwanzig Kriegsjahre hatten den Kurfürsten überzeugt, daß nur ein starker Herrscher das Land zusammenhalten konnte, das geographisch zerrissen und von Feinden bedroht war, und daß nur eine starke, zentrale Verwaltung es zu einem Staat formen und nur eine starke Armee diesen Staat schützen konnte. Er betrachtete es als seine Lebensaufgabe, Brandenburg-Preußen zu Macht, Ansehen und Wohlstand zu führen. Als der Große Kurfürst 1688 starb, hatte er die Fundamente des brandenburg-preußischen Staates gelegt – seine fürstliche Macht, seine Bürokratie, seine Armee und nicht zuletzt das erwachende Staatsbewußtsein seiner Untertanen. Als erster verkörperte der Große Kurfürst eine Idee, die man später als „Preußentum" bezeichnete.

Friedrich Wilhelms Sohn, Kurfürst Friedrich III., war von anderer Art als sein Vater. Er schätzte Kunst und Wissenschaft, und er liebte die Pracht der Architektur und Bildkunst seiner Epoche, die wir das Zeitalter des

Abb. 3: Kopf eines sterbenden Kriegers – Fensterkartusche von Andreas Schlüter im Innenhof des Zeughauses in Berlin, Unter den Linden

Barock nennen. Unter seiner Herrschaft begann der Aufstieg Berlins zu einer großen Residenzstadt. Durch Bau- und Bildhauerkunst sollte die Stadt erneuert und verschönert werden, denn die Residenz war für Friedrich der Ausdruck seiner neuen fürstlichen Macht.

Im Sommer des Jahres 1694 kam ein Bildhauer nach Berlin, der wahrscheinlich aus Danzig stammte, der in Polen gearbeitet hatte, über dessen Herkunft und Jugend wir aber fast nichts wissen: Andreas Schlüter. Friedrich III. hatte ihn eingeladen.

Der Fürst ließ in Berlin ein Waffenlager bauen, das „Zeughaus", wie es heute noch genannt wird. Schlüter erhielt den Auftrag, die Schlußsteine über den etwa hundert Fenstern zu gestalten. Über den äußeren Fenstern erinnern prächtige Helme von Kriegshelden an die Siege und den Ruhm der Armee, doch wer den Innenhof betritt, erblickt das wahre Bild des Krieges – zweiundzwanzig Gesichter sterbender Soldaten. Jedes von ihnen zeigt ein anderes Gesicht des Todes: Angst, Schrecken und Schmerz; hier die Verzweiflung eines jungen Kriegers; dort die Bitterkeit eines alten. Hat Schlüter mit diesen Steinbildern seine eigenen Erlebnisse als Soldat gestaltet?

Bald stellte ihm der Herrscher eine größere Aufgabe: Er sollte für ihn ein Reiterbild seines Vaters schaffen. Dieses Standbild des Großen Kurfürsten aus Bronze, an dem Schlüter von 1698 bis 1700 arbeitete, gilt als ein Höhepunkt der Bildhauerkunst des Barock. Das Werk verkörpert treffend die Idee des absoluten Herrschers, seine Autorität und seinen Willen zur Macht. Ergreifend ist jedoch nicht das Bild des stolzen Fürsten, sondern die Figuren der vier Sklaven, die, mit Ketten gefesselt, angstvoll zum Herrscher aufblicken.

Noch während Schlüter an dem Reiterbild arbeitete, übernahm er die Leitung am wichtigsten Bauvorhaben in Berlin, dem Um- und Neubau des kurfürstlichen und später königlichen Schlosses. Es wurde zu einer der größten Residenzen Europas. Einfacher, strenger und in seinen Formen schwerer als Versailles, galt dieses Schloß als Musterbeispiel des „preußischen Barock".

Im Jahr 1701 wurde Friedrich II. König von Preußen; als König trug er fortan den Namen Friedrich I. Er starb 1713. Schlüters letzter Auftrag war, den Steinsarg seines Königs zu gestalten. Dessen Sohn und Nachfolger, der „Soldatenkönig" Friedrich II., zeigte kein Interesse mehr an Kunst und Architektur. Schlüter hatte keine andere Wahl, als Berlin zu verlassen. 1713 zog er nach St. Petersburg. Dort war Zar Peter der Große dabei, seine kaiserliche Residenz aufzubauen, dort hoffte Schlüter, neue Arbeit zu finden. Doch sein Leben ging zu Ende. Über seine letzten Monate in der Hauptstadt des Zaren wissen wir ebensowenig wie über seine Herkunft und Jugend.

Von Schlüters Bauwerken haben wenige die beiden Weltkriege überdauert. 1944 wurde das Berliner Schloß durch Bomben schwer beschädigt, 1950 wurde es von der kommunistischen Regierung der DDR völlig beseitigt. Das Bauwerk galt als Symbol der „reaktionären Kultur" und der „militaristischen Tradition" Preußens und des Deutschen Reiches, das aus Preußen entstanden war. War nicht in der Tat das „Preußentum" eine Ursache von Deutschlands Katastrophen? Sein unkritischer Gehorsam, sein Stolz auf Herrscher und Staat, sein Vertrauen auf die militärische Macht? Nicht nur Marxisten stellten nach 1945 diese Fragen.

Ein Teil von Schlüters Bildwerken ist erhalten geblieben: sein Standbild des stolzen Herrschers und der leidenden Sklaven, seine Gesichter der sterbenden Soldaten, von denen jedes eine Anklage gegen den Krieg darstellt, ein Bild der Fragwürdigkeit militärischer Macht und einen Aufruf zur Menschlichkeit. Auch sie gehören zur preußischen Tradition.

7. GEORG FRIEDRICH HÄNDEL
Der Messias

Georg Friedrich Händel, geboren und aufgewachsen in der sächsischen Stadt Halle, war bereits in Hamburg und Italien als Musiker bekannt geworden, als er im Jahr 1710, einer Einladung folgend, nach London ging. London wurde Händels zweite Heimat. Fünfzehn Jahre nach dem Tod von Henry Purcell macht er im Alter von fünfundzwanzig Jahren die britische Hauptstadt zu einem Zentrum der europäischen Musik, vor allem des Musikdramas, der Oper.

Die Oper stammt aus Italien. Sie war eine typische Kunstform des Barock. Kaiser, Könige und Fürsten ließen an ihren Höfen und in ihren

Residenzstädten prächtige Theater erbauen; sie warben italienische Musiker und Sänger an, die in italienischer Sprache vor der Familie des Herrschers und vor einem adeligen Publikum ihre Opern aufführten. Diese Opern zeigten Götter und Göttinnen, Könige und Heroen der Antike, Traumbilder der barocken Welt. Diese „italienische Oper" war in London bereits bekannt, bevor Händel kam; aber Händel führte sie auf ihren Höhepunkt. Die adelige Gesellschaft war entzückt von der majestätischen Musik in Werken wie „Rinaldo" oder „Caesar" und von seinen kunstvollen Arien, vorgetragen von den besten italienischen Sängerinnen und Sängern. Händel wurde der berühmteste Musiker nicht nur in England, sondern an allen Fürstenhöfen Europas.

Doch plötzlich endete die Zeit seines Erfolgs. Der Londoner Schriftsteller John Gay und der Berliner Musiker Johann Christoph Pepusch, der wie Händel nach London gekommen war, schrieben und komponierten 1728 eine ganz neue Art von Oper. Nicht mehr Könige und Heroen der Antike waren ihre „Helden", sondern die Bettler und Gangster Londons. Diese „Bettleroper" wirkte für das Publikum wie ein Sprung aus einer Traumwelt in die Wirklichkeit. Die Gangster marschierten wie „Helden" über die Bühne – zur Musik aus Händels „Rinaldo". Das Publikum lachte. Diese Parodie voller Spott und Witz wurde zum größten Theatererfolg des 18. Jahrhunderts. Das Opfer war Händel.

Bis 1737 kämpfte Händel mit wechselndem Glück um seine Oper, dann war er am Ende. Sein Theater machte bankrott. Jahrelange Arbeit und Aufregung, Enttäuschungen und Sorgen hatten seine Gesundheit zerstört. Körperlich und seelisch krank brach er am 13. April 1737 zusammen.

Daß Händel in den heißen Bädern Aachens wieder gesund wurde, galt als ein Wunder. Nun beschloß er, der Einladung des Vizekönigs von Irland zu folgen und nach Dublin zu gehen. Er brachte ein Gastgeschenk mit, sein neues Werk „Messias". Der „Messias" ist keine Oper mit einer Bühnenhandlung. Sein Inhalt ist das Leben und Wirken Jesu, erzählt nach Texten aus der Heiligen Schrift, die als Folge von Chören und Arien in Musik gesetzt sind. Ein solches musikalisches Werk nennt man „Oratorium".

Die Aufführung des „Messias" in der irischen Hauptstadt am 13. April sichert Dublin für immer einen Platz in der Musikgeschichte. Sie war ein großartiger Erfolg und gab Händel seinen Lebensmut zurück. Großzügig überließ er die Einnahmen dem Schuldgefängnis und den Krankenhäusern Dublins zur Unterstützung der Gefangenen und Kranken. Bis zu seinem Lebensende führte Händel den „Messias" vierunddreißigmal auf; vierunddreißigmal stellte er den gesamten Gewinn notleidenden und kranken Menschen zur Verfügung, dankbar, daß er selbst aus der Not befreit und von seiner Krankheit geheilt worden war.

Auf den „Messias" folgten andere Oratorien wie „Samson" und später „Judas Maccabäus". Die Aufführung dieser Oratorien veränderte die Musikkultur Londons. Die Sängerinnen und Sänger waren nicht mehr italienische Stars, sondern Engländerinnen und Engländer. Ihre Sprache war nicht mehr das Italienische, das nur wenige verstanden hatten, sondern die Sprache des Volkes. Auch die Zuhörerschaft wandelte sich: Immer mehr Londoner Bürger mischten sich unter die Adeligen. Denn in der großen, reichen und weltoffenen Handelsstadt London war das Bürgertum erstarkt. Es wurde zum Träger der nationalen Kultur.

Am 6. April 1759 saß Händel, bereits krank und blind, bei einer Aufführung des „Messias" zum letzten Mal an der Orgel. Plötzlich verließ ihn die Kraft. Zu Hause angekommen legte er sich in sein Bett, das er nun nicht mehr verlassen konnte. In seinem Testament sprach er den Wunsch aus, in Westminster begraben zu werden, und schrieb:

Ich möchte am heiligen Karfreitag sterben, in der Hoffnung, mit meinem guten Gott, meinem Herrn und Retter, am Tag seiner Auferstehung vereinigt zu werden.

Sein Wunsch ging in Erfüllung. Am Samstag vor Ostern, am 14. April 1759, starb der Schöpfer des „Messias".

Jedes Jahr vor Ostern wurden nun in London Händels Oratorien aufgeführt, seit 1786 auch in Deutschland, dann in anderen Ländern Europas und Amerikas. Immer mehr Menschen aus allen Nationen und aus allen Schichten der Bevölkerung hörten und liebten seine Musik. Aus dem Komponisten und Virtuosen der europäischen barocken Adelsgesellschaft war ein Musiker für die ganze Welt geworden.

8. GOTTHOLD EPHRAIM LESSING
Wahrheit und Menschlichkeit

Im „Heiligen Land" ist wieder Krieg. Vom Libanon bis Jerusalem greifen christliche Soldaten die Städte der Moslems an und töten wehrlose Menschen. Unter den Toten ist eine jüdische Frau und ihre Kinder; ihr Mann hat überlebt. Dieser jüdische Kaufmann nimmt nun ein elternloses Mädchen in sein Haus auf und erzieht es wie seine eigene Tochter. Schließlich siegen die Moslems. Die christlichen Soldaten werden gefangengenommen. Einen einzigen nur läßt der moslemische Heerführer frei; alle übrigen finden den Tod.

Diese Geschichte erinnert an Kriege und Konflikte unserer Zeit. Sie spielt aber vor 800 Jahren. Die christlichen Soldaten sind die „Kreuzfahrer", die im 12. Jahrhundert in das Heilige Land zogen; der islamische Heerführer ist Saladin, der berühmte Sultan von Syrien und Ägypten.

Kann eine Religion wahr sein, deren Anhänger seit Jahrhunderten Andersgläubige mit Haß und Fanatismus verfolgen? Welche Religion enthält die Wahrheit? 600 Jahre nach Saladin wurden diese Fragen neu gestellt. Im Jahr 1779, wenige Monate vor seinem Tod, vollendete der Schriftsteller Gotthold Ephraim Lessing sein letztes Drama, das nach dem jüdischen Kaufmann benannt ist: „Nathan der Weise". Sein Thema ist Wahrheit und Menschlichkeit.

Lessing stammte aus einem streng protestantischen Elternhaus. Sein Vater war Pfarrer in einer kleinen Stadt in Sachsen. Für den Vater war die Wahrheit wörtlich in der Bibel enthalten, wie Martin Luther sie übersetzt und erklärt hatte. Für ihn war es selbstverständlich, daß auch der Sohn diese Wahrheit lehren sollte. Doch der Sohn ging einen anderen Weg. Er trat zwar 1746 als Student der Theologie in die Universität Leipzig ein, aber zwei Jahre später verließ er die berühmte Hochschule als freier Schriftsteller und Kritiker, der auf dem Theater bereits seine ersten Erfolge erlebt hatte, und zog nach Berlin.

1766 übersiedelte Lessing nach Hamburg. Hier machte er den ersten Versuch, ein deutsches Nationaltheater zu gründen; hier lernte er die Handschriften des Hamburger Professors Reimarus kennen. Diese enthielten eine Kritik der Bibel. Lehrt nicht die Vernunft – so sagt der Aufklärer Rei-

Abb. 4: Darstellung der Erkennungsszene aus Lessings „Nathan der Weise". Kolorierter Kupferstich aus dem Gothaer Theaterkalender auf das Jahr 1782. In Gotha, einer Stadt in Thüringen, war 1682 das erste Theater Deutschlands gebaut worden.

marus – daß vieles in der Bibel nicht Wort Gottes, sondern Dichtung von Menschen ist? Reimarus wagte es nicht, seine Schrift drucken zu lassen. Doch Lessing hatte den Mut, Teile davon unter dem Titel „Fragmente eines Ungenannten" zu veröffentlichen und zu besprechen. Die protestantischen Pastoren reagierten mit Empörung und erreichten ein Verbot der Fragmente. Doch Lessing wußte sich zu helfen. Was er in theologischen Schriften nicht mehr sagen durfte, das sagte er nun „auf seiner alten Kanzel, dem Theater".

In Lessings Drama stellt Sultan Saladin dem Juden Nathan eine Frage: Christentum, Judentum, Islam – welche dieser drei Religionen ist die wahre? Nathan gibt aber keine klare Antwort, sondern er erzählt eine Geschichte: Ein Vater von drei Söhnen besaß einen wunderbaren Ring. Wer diesen Ring trug, der wurde von Gott und allen Menschen geliebt. Nun stellte sich die Frage, welcher seiner Söhne den Ring erben sollte. Der Vater liebte sie alle drei. Schließlich ließ er zwei andere Ringe herstellen, die dem ersten genau glichen. So erhielt jeder der Söhne einen Ring, und jeder glaubte, den echten zu haben. Darüber kam es unter den Brüdern zu einem erbitterten Streit: Wer besaß den echten Ring?

Saladin ist über Nathans Geschichte enttäuscht. Anstelle von Nathan muß er selbst eine Frage beantworten. Doch Saladin erkennt, was mit den Ringen und wer mit den feindlichen Brüdern gemeint ist:

Die Ringe! – Spiele nicht mit mir! – Ich dächte,
Daß die Religionen, die ich dir
Genannt, doch wohl zu unterscheiden wären, [...]

Zu unterscheiden sind die Religionen sehr gut. Doch was sie unterscheidet, läßt nicht erkennen, welche wahr ist. Was ist also das Merkmal der wahren Religion?

Folgen wir dem Geschehen im Drama: Der christliche Soldat, der vom Sultan freigelassen wurde, kommt zu einem brennenden Haus und rettet ein Mädchen aus den Flammen. Es ist das Mädchen, das Nathan als Tochter angenommen hatte. Dankbar ruft Nathan den Soldaten in sein Haus. Doch dieser ist kein freundlicher Gast. Verbittert über den Religionskrieg klagt er Christen und Moslems, aber auch das Volk Nathans an:

Wißt ihr, Nathan, welches Volk
zuerst das auserwählte Volk sich nannte?

Der Soldat verachtet ein Volk, das glaubt, „nur sein Gott sei der rechte Gott". Er kennt den Krieg und weiß, was dazu geführt hat:

Wann hat und wo die fromme Raserei,
Den bessern Gott zu haben, diesen bessern
Der ganzen Welt als besten aufzudringen,
In ihrer schwärzesten Gestalt sich mehr
Gezeigt als hier? als jetzt?

Der Soldat erwartet Nathans Zorn und will gehen. Doch Nathan gibt eine unerwartete Antwort:

Verachtet
Mein Volk so sehr ihr wollt. Wir haben beide
Uns unser Volk nicht auserlesen. Sind
Wir unser Volk? Was heißt denn Volk?
Sind Christ und Jude eher Christ und Jude
als Mensch? Ah! wenn ich einen mehr in Euch
Gefunden hätte, dem es gnügt, ein Mensch
Zu heißen!

Solange die verfeindeten Brüder um den echten Ring streiten, hat ihn keiner. Solange die Juden, die Christen und die Moslems glauben, allein den wahren Gott zu haben, so lange ist keine ihrer Religionen wahr. Wenn es in Zukunft einmal eine wahre Religion gibt, so sagt Nathan, dann wird ihr Merkmal die Humanität sein, die Liebe zu allen Menschen. Bis dahin genügt es, „ein Mensch zu heißen".

Mit einer überraschenden Entdeckung endet das Drama: Das elternlose jüdische Mädchen und der elternlose christliche Soldat sind Geschwister, und Sultan Saladin ist ihr Großonkel. So zeigt sich mitten in den Religionskriegen, daß Juden, Christen und Moslems zu einer einzigen Familie gehören – der Menschheit.

9. FRIEDRICH SCHILLER

Mein Geist dürstet nach Taten, mein Atem nach Freiheit

Am 13. Januar 1782 wurde am Nationaltheater in Mannheim das Drama „Die Räuber" uraufgeführt, das erste Werk des jungen Friedrich Schiller. Ein Teilnehmer erinnert sich an das Ende der Vorstellung: „Das Theater glich einem Irrenhause, rollende Augen, geballte Fäuste, heisere Aufschreie im Zuschauerraum! Fremde Menschen fielen einander schluchzend in die Arme, Frauen wankten, einer Ohnmacht nahe, zur Türe. Es war eine allgemeine Auflösung wie im Chaos, aus dessen Nebeln eine neue Schöpfung hervorbricht."

Diese „neue Schöpfung" war unvollkommen und roh, die Handlung des Dramas kaum glaubhaft, die Darstellung der Helden übertrieben, ihre Sprache bald eisig und hart, bald leidenschaftlich und wild, und doch hatte noch kein Schauspiel auf einer deutschen Bühne die Zuschauer so gebannt wie „Die Räuber".

Schiller war noch nicht 18 Jahre alt, als er 1777 die ersten Szenen seiner Tragödie schrieb. Seit 1773 war er Schüler der „Karlsschule", der „Militärakademie" des württembergischen Herzogs Karl Eugen. Diese Karlsschule war damals in dem neuen Lustschloß „Solitüde" untergebracht, das der Herzog wenige Jahre zuvor westlich von Stuttgart hatte erbauen lassen.

Karl Eugen war ein typischer Fürst des absolutistischen Zeitalters. Der harte, gewissenlose und verschwendungssüchtige Herzog betrachtete sich als alleinigen Herrn über Land und Untertanen. Seine prächtigen Schlösser, seine großartigen Feste und seine Kriegszüge kosteten riesige Summen. Das Volk verarmte. Hatte der Herzog kein Geld mehr, dann verkaufte er seine Landeskinder als Soldaten ins Ausland. Die Karlsschule hatte er gegründet, weil er junge Offiziere, Beamte, Juristen und Mediziner brauchte, gehorsame Diener seines Staates.

Eines Tages im Jahr 1773 rief der Herzog seinen Hauptmann und Verwalter Johann Kaspar Schiller zu sich und verlangte, daß dessen zwölfjähriger Sohn Friedrich in die Militärakademie eintrete. Die Eltern und das Kind waren tief erschrocken, denn Friedrich sollte Prediger werden. Doch der Herzog duldete keinen Widerspruch. So begann Friedrich Schiller in einer ungeliebten Schule ein ungeliebtes Studium der Rechtswissenschaft und zwei Jahre später der Medizin.

Nicht umsonst nannte man die Karlsschule „Militärakademie". Hier herrschte militärischer Zwang. Die Aufsicht lag in den Händen von Offizieren. Es gab keine Ferien, und Besuche von Eltern waren selten und kurz. Die Strafen waren hart. Zwölf Stockschläge erhielt Schiller einmal, weil er einige Pfennige für ein Weißbrot schuldig blieb. Schiller und seine Freunde litten unter ihrer Gefangenschaft und versuchten, sich einen Rest von Freiheit zu bewahren. Mit Hingabe lasen sie die Werke Shakespeares und Rousseaus, Klopstocks und des jungen Goethe, oder sie träumten von einer freien Republik. Und Schiller schrieb – oft in den Nachtstunden – heimlich sein erstes Drama.

1780 wurde Schiller aus der Schule entlassen. Er erhielt vom Herzog eine kümmerliche Stelle als „Medikus" beim Militär. Inzwischen war der Leiter des Nationaltheaters in Mannheim auf „Die Räuber" aufmerksam geworden. Er erkannte sofort, welche Wirkung dieses Jugendwerk auf die junge Generation seiner Zeit ausüben mußte.

Das Drama „Die Räuber" entstand aus einem Geist der Auflehnung gegen den Zwang der Karlsschule; ihr Thema ist die Auflehnung eines jungen Menschen gegen den Zwang einer bösen, unfreien Welt. Der edle Karl Moor wird von seinem eigensüchtigen Bruder Franz getäuscht. Sein alter Vater – so schreibt Franz dem Bruder in der Ferne – habe Karl verstoßen. Karls Enttäuschung über seinen Vater steigert sich zum wilden Haß auf die ganze Menschheit:

Menschen! – Menschen! Falsche, heuchlerische Krokodilsbrut! Ihre Augen sind Wasser! Ihre Herzen sind Erz! [...] Ha! Wer mir jetzt ein Schwert in die Hand gäbe, dieser Otternbrut eine brennende Wunde zu versetzen!

Erfüllt von Schmerz und Freiheitsdrang reißt er sich von der Familie und der Gesellschaft los und wird Hauptmann einer Räuberbande:

Räuber und Mörder! So wahr meine Seele lebt, ich bin euer Hauptmann! [...] Mein Geist dürstet nach Taten, mein Atem nach Freiheit!

Als Rächer im Namen Gottes will Karl die Übeltäter vernichten, aber am Ende muß er erkennen, daß er selbst zum Übeltäter geworden ist:

... da stehe ich am Rand eines entsetzlichen Lebens und erfahre, [...]
daß zwei Menschen wie ich den ganzen Bau der sittlichen Welt zugrund
richten würden.

Vielleicht wäre Schiller Wundarzt geblieben – trotz seines ersten Erfolgs als Dichter. Doch Anfang September 1782 trat ein Ereignis ein, das seinen Lebensweg festlegte. Der Herzog gebot seinem Medikus, „nichts mehr Literarisches zu schreiben oder mit Ausländern zu kommunizieren". Schiller wußte, wer mit „Ausländern" gemeint war, denn Mannheim lag im Ausland.

Nun hatte Schiller keine andere Wahl mehr als die Flucht. Die Gelegenheit bot sich wenige Tage später. Wieder feierte der Herzog ein großes Fest. Nun würde niemand auf den Regimentsmedikus achten. Am 22. September, abends um 10 Uhr, bestieg Schiller mit einem jungen Freund den Fluchtwagen. Um Mitternacht kreuzten sie die Straße, die zur „Solitüde" hinaufführte. Vom Glanz der Festfeuer erhellt, lag vor ihnen

Abb. 5:   Das alte Hoftheater in Weimar zur Zeit Goethes. Kolorierter Holzstich, um 1890, nach einer älteren Vorlage. Das Hoftheater war nach 1779 erbaut worden und brannte 1825 ab.
Goethe verbrachte den größten Teil seines Lebens in Weimar, Schiller seine letzten Lebensjahre..

33

das prächtige Schloß. Dort hatte Schiller seine unglückliche Schulzeit verbracht; dort in der Nähe lebten seine Eltern, die er am Abend unglücklich zurückgelassen hatte.

Am übernächsten Tag fuhr der Wagen in Mannheim ein. Schiller hatte seine Freiheit mit dem Verlust seiner Heimat und mit der Trennung von seiner Familie erkauft und nahm ein Leben auf sich, das von Sorgen und Krankheit überschattet war. Doch er war frei. Vom Fürstendiener war er zum Weltbürger geworden, vom Regimentsmedikus zum großen Dramatiker.

10. Johann Wolfgang von Goethe
Wer immer strebend sich bemüht, den können wir erlösen

Im Jahr 1540 starb in der Nähe von Staufen bei Freiburg der Arzt, Astrologe und Magier Johannes Faust. Sein rätselhaftes Leben und sein plötzlicher Tod müssen großes Aufsehen erregt haben, denn über ihn erschien später eine Reihe von Büchern, das erste davon im Jahr 1587. Es trug den Titel „Historia von Doktor Johannes Fausten". Wahrheit und Phantasie sind darin nicht mehr zu unterscheiden.

Das Buch erzählt die Geschichte eines Mannes, der einen Bund mit dem Teufel macht. Solche Erzählungen kennen wir schon aus dem Mittelalter. Dieses Buch aber enthält etwas Neues: Faust möchte mit Hilfe des Teufels „die Elementa spekulieren". Darum bemüht er sich „Tag und Nacht [...] nahm an sich Adlerflügel, wollte alle Grund am Himmel und Erden erforschen ..." Nicht nach Reichtum und Genuß strebt Faust, sondern nach Erkenntnis.

Der historische Faust lebte in einer Zeit des Übergangs. Das Mittelalter ging zu Ende. Immer mehr Menschen lösten sich aus den alten, engen Bindungen des Kirchenglaubens und wurden im Denken und Handeln selbständig. Faust ist nicht nur ein Zeitgenosse Luthers, sondern auch des Kopernikus und des Kolumbus, Magellans und Vasco da Gamas. Erwacht war das Streben, Himmel und Erde zu erforschen.

Daß böse ist, wer sich mit dem Teufel verbindet, war nach altem Glauben selbstverständlich. War aber nicht auch der böse, der die Grenzen der Erkenntnis und des Handelns überschreiten wollte, die Gott gesetzt hatte? Dies lehrten die Kirchen, und so dachten im 16. Jahrhundert noch viele Menschen, auch der Verfasser des Faustbuchs von 1587. Deshalb war auch Fausts Ende selbstverständlich: Der Teufel tötet ihn und wirft ihn in die Hölle.

Die Bücher über Doktor Faustus erregten großes Interesse. Der englische Dichter Marlowe schrieb ein Drama über Faust, das wiederum nach Deutschland kam und vereinfacht als Puppenspiel aufgeführt wurde. In dieser Form sah es der junge Goethe. Um 1773 hat er vierundzwanzigjährig sein eigenes Faustdrama begonnen, fast 60 Jahre später hat er es beendet, kurz vor seinem Tod im Jahr 1832.

Goethes Faust gilt als die größte Dichtung deutscher Sprache. Goethe übernahm den Stoff der alten Sage, aber er gab ihr einen neuen Sinn. Mit einer Wette zwischen Gott und dem Teufel beginnt Goethes Drama, einer Wette um Fausts Seele.

Der Teufel: *Was wettet ihr? Den sollt ihr noch verlieren*
                    Wenn ihr mir die Erlaubnis gebt,
                    Ihn meine Straße sacht zu führen!

Der Herr: *Solang er auf der Erde lebt,*
                    Solange sei Dir's nicht verboten.
                    Es irrt der Mensch, solang er strebt.

Der „Herr" selbst gibt also die Erlaubnis, daß das Streben des Menschen nach Erkenntnis der Natur und nach Erkenntnis eines Lebenssinns begleitet wird vom Bösen, von Irrtum und Schuld.

Vom Himmel führt der Blick auf die Erde. Tief enttäuscht über sein Leben sitzt Faust in seinem engen, gotischen Studierzimmer:

Habe nun, ach! Philosophie,
Juristerei und Medizin
Und leider auch Theologie
Durchaus studiert, mit heißem Bemühn.
Da steh' ich nun, ich armer Tor!
Und bin so klug als wie zuvor; …

Was Faust durch sein Studium nicht erreichte, versucht er durch Magie zu erzwingen:

Daß ich erkenne, was die Welt
Im Innersten zusammenhält ...

Doch die Magie stürzt ihn noch tiefer in die Verzweiflung. In dieser Not erscheint der Teufel und bietet sich Faust als „Diener" an. Im alten Volksbuch verbindet sich Faust nun mit dem Teufel. Damit ist dort Fausts Ende vorherbestimmt, seine ewige Strafe in der Hölle. Goethes Faust jedoch schließt mit dem Teufel keinen Bund, sondern, wie vorher Gott, eine Wette:

Werd' ich zum Augenblicke sagen:
Verweile doch! du bist so schön!
Dann magst du mich in Fesseln schlagen,
Dann will ich gern zugrunde gehn!

Nur wenn es dem Teufel gelingt, Fausts Streben wenigstens ein einziges Mal völlig zu befriedigen, dann ist Faust bereit, ihm in die Hölle zu folgen. Wer wird die Wette gewinnen?

Mit dem Bösen als Begleiter beginnt nun für Faust ein dramatisches Leben voller Höhen und Tiefen, voller Irrtum und Schuld. Am Ende ist der hundertjährige Faust Herr über ein Land am Meer geworden; aus dem Meer will er neues Land gewinnen; hier soll ein freies, glückliches Volk wohnen. „Am Anfang war die *Tat!*" So hatte einst Faust seine Übersetzung der Heiligen Schrift begonnen. In dieser „Tat" für die Menschheit sieht Faust nun den Sinn seines langen Lebens. Nun darf er hoffen, daß sein Streben endet:

Zum Augenblicke dürft' ich sagen,
Verweile doch, du bist so schön!

Doch Faust stirbt, irrend und strebend bis zum letzten Augenblick, unvollendet als Mensch, und das Meer vernichtet sein unvollendetes Werk. Der Teufel glaubt, seine Wette gewonnen zu haben, aber Engel erscheinen und tragen Fausts Seele in den Himmel:

Gerettet ist das edle Glied
Der Geisterwelt vom Bösen,
Wer immer strebend sich bemüht,
Den können wir erlösen.

Goethe hat also die alte Sage in dem wichtigsten Punkte geändert: Faust wird nicht verdammt, sondern erlöst. Das Streben nach Erkenntnis und nach einem Lebenssinn gehört zum Wesen des Menschen, ja es gehört zu seinem Wertvollsten – trotz seiner Irrtümer und Schuld.

11. WOLFGANG AMADEUS MOZART
Das Herz adelt den Menschen

Mozarts Musik gilt als zeitloses Wunder. Viele empfinden sie als einen himmlischen Glanz über einem dunklen Erdenleben und Mozart selbst als himmlischen Gast, der die Welt besucht, beschenkt und nach einem kurzen Dasein wieder verlassen hat. Leicht läßt dieses Mozartbild die Wahrheit vergessen: Dieser „himmlische Gast" führte ein dramatisches Leben in einer dramatischen Zeit.

Am 16. März 1781 kam Mozart in Wien an. Es war die Zeit, in der Schillers Schauspiel „Die Räuber" erschien, neun Jahre vor der Französischen Revolution. Mozart war damals 25 Jahre alt und stand im Dienst des Fürsterzbischofs seiner Heimatstadt Salzburg, Hieronymus Graf Colloredo. Dieser Fürsterzbischof war es, der Mozart befohlen hatte, sofort von München nach Wien zu kommen. Dort befand sich der Fürst mit seinem Hofstaat, und der Musiker Mozart wurde dringend gewünscht.

In München hatte Mozart seine Oper „Idomeneo" geschrieben und aufgeführt. Er hatte einen großartigen Erfolg erlebt, aber er hatte dabei seinen Urlaub überschritten. In Wien erwartete ihn nun der Zorn seines Fürsten und Herrn. Als absoluter Herrscher verlangte Colloredo von seinen Dienern absoluten Gehorsam.

Wie hatte sich Mozarts Lage in kurzer Zeit verändert! In München war er von den adeligen Damen verwöhnt worden; jetzt in Wien war sein Platz zwischen Kammerdienern und Köchen. Gern hätte er eigene Konzerte gegeben, Geld verdient, dem Kaiser vorgespielt, doch sein Herr verhinderte es mit Absicht. Mozart kochte vor Zorn. Er war nicht länger bereit, diese Salzburger „Sclaverey" zu dulden. Er wollte endlich frei sein.

Am 9. Mai 1781 kam es zu einem Treffen des Fürsten mit seinem Musikus. Mozart war sicher ein schlechter Diplomat. Der Brief über diese Begegnung an seinen Vater in Salzburg ist uns erhalten:

Mon très cher Père! Ich bin noch ganz voll der Galle! Und Sie als mein bester, liebster Vater sind es gewiß mit mir. Ich bin nicht mehr so unglücklich, in Salzburgischen Diensten zu sein [...] (Der Erzbischof) lügte mir ins Gesicht [...] er hieß mich einen Lump, Lausbub, einen Fex

[...] Endlich [...] sagte ich: „Sind wohl Euer Hochwürdige Gnaden nicht zufrieden mit mir?" „Was", schrie der Erzbischof, „er will mir drohen, er Fex, o er Fex! Dort ist die Tür, schau er, ich will mit einem solchen elenden Buben nichts mehr zu tun haben [...] also geh er.

Mit welchen Gefühlen mag Vater Leopold Mozart diesen Brief gelesen haben? Sein Sohn hatte seinen Lebensplan zerstört. Was hatte er nicht für diesen Sohn getan! Mit welcher Hingabe hatte er ihn musikalisch unterrichtet, als er kaum vier Jahre alt war! Welche mühsamen und teuren Reisen hatte er mit ihm und seiner ebenfalls hochbegabten Schwester gemacht, nach Brüssel und Paris, nach London und Den Haag, später nach Mailand, Rom und Neapel! Wie stolz war er gewesen, als seine Wunderkinder, besonders eben „das Wolfgangerl", von Fürsten und Königen gefeiert wurden, ja sogar vom Papst! Nun, da Wolfgang erwachsen war, war es nicht seine väterliche Pflicht, dafür zu sorgen, daß er an einem Fürstenhof eine gut bezahlte Stelle erhielt, am besten natürlich in Salzburg? Und jetzt – diese Katastrophe!

Leopold Mozart kannte die Schwächen seines Sohnes nur zu gut. Wie eigensinnig und wirklichkeitsfremd konnte Wolfgang oft sein! Wer in der Adelsgesellschaft Erfolg haben wollte, mußte ein kluger Diplomat sein, er mußte schmeicheln und „kriechen" können. Der Vater wußte dies und tat es; der Sohn haßte es und sagte auch den Fürsten in klaren Worten seine Meinung.

Verzweifelt bat der Vater den Grafen Arco, den Vorgesetzten seines Sohnes, um Vermittlung. Der Graf warnte den jungen Mozart: Das Publikum ist wankelmütig! Wovon soll denn ein freier Musiker in Wien leben, wenn das Interesse an ihm schwindet? Doch Mozart wollte von dem Fürstendiener keine guten Ratschläge mehr hören. Der letzte Versuch einer Versöhnung zwischen dem Erzbischof und seinem Musicus scheiterte. Mit einem „Tritt in den Hintern" warf schließlich der wütende Graf Mozart zur Tür hinaus.

Mozart hatte sich aus dem Salzburger Fürstendienst befreit, aber auch aus einer Gesellschaft, die ihn als Wunderkind auf den Händen getragen hatte. Adelstitel bedeuteten für ihn nichts mehr.

Das Herz adelt den Menschen, schreibt er nun selbstbewußt an seinen Vater. *Und wenn ich schon kein Graf bin, so habe ich vielleicht mehr Ehre im Leib als mancher Graf.*

Aus seinen Sorgen konnte sich Mozart aber nicht befreien. Zwar lebte er nun in Wien als selbständiger Künstler, bewundert und erfolgreich zunächst; 1782 vollendete er „Die Entführung aus dem Serail", 1786 „Die Hochzeit des Figaro". War es Zufall, daß sein Abstieg in die Not mit dieser Oper begann, in der er der Adelsgesellschaft gleichsam einen Spiegel vorhielt? Unter Sorgen entstanden 1787 „Don Giovanni" und 1791 „Die Zauberflöte", während sich allmählich die Prophezeihung des Grafen Arco erfüllte. Das Wiener Publikum verlor sein Interesse an Mozart. Am 5. Dezember 1791 starb er in Armut und Verlassenheit.

Abb. 6: Das Kärntnertor-Theater in Wien. Hier führten sowohl Mozart als auch Beethoven einige ihrer Werke auf. Heute steht an dieser Stelle das Hotel Sacher. 1832, als er noch Koch beim Fürsten Metternich war, erfand der Besitzer dieses Hotels die berühmte Sachertorte.

12. Ludwig van Beethoven
Sinfonia Eroica

Eines Tages im Mai 1804 betrat Ferdinand Ries, ein Schüler Ludwig van Beethovens, dessen Wohnung in Wien. In der Stadt hatte er eine Neuigkeit erfahren, die er nun seinem Lehrer mitteilen wollte. Sein Blick fiel auf den Tisch; dort lag die Partitur einer neuen Symphonie. Oben auf der Titelseite stand das Wort „Buonaparte", ganz unten „Luigi van Beethoven". Beethoven hatte also diese Symphonie dem großen französischen General und Konsul gewidmet, Napoleon Buonaparte.

Beethoven verehrte Napoleon. War diese Verehrung nicht verständlich? Beethovens Kindheit und Jugend fallen noch in die Zeit der absoluten Monarchie. In Europa herrschten Kaiser, Könige und Fürsten über ihre „Untertanen". Alle Macht im Staat lag in ihrer Hand. Während die Monarchen prächtige Schlösser erbauen ließen, blutige Kriege führten und glänzende Feste feierten, lebte der größte Teil des Volkes in Unfreiheit und Rechtlosigkeit, in Armut und Not.

„Der Mensch ist frei geboren, und überall liegt er in Ketten." So schreibt der französische Denker Jean Jacques Rousseau über die Gesellschaft seiner Zeit. In Frankreich, wo der König am mächtigsten gewesen war, verschärfte sich die Not des Volkes; aber auch die Kritik am „ancien régime" wurde immer deutlicher. 1789, als Beethoven 19 Jahre alt war, begann in Paris die Revolution, die die absolute Monarchie in Frankreich vernichtete. In Europa entstand die erste Republik. Weder Polizei noch Zensur konnten verhindern, daß sich aus den USA, aus Großbritannien und jetzt besonders aus Frankreich neue Ideen über Europa verbreiteten, die Ideen der Menschenrechte und der Demokratie, der Freiheit, Gleichheit und Brüderlichkeit.

Beethovens Heimatstadt war Bonn. Natürlich war in Bonn der Einfluß des nahen Frankreich besonders stark. Beethoven war nicht der einzige, der von den neuen Ideen erfaßt wurde.

1792 kam Beethoven nach Wien. Hier war die Monarchie noch lebensfähig, trotz ihrer Schwächen. Noch waren der Kaiserhof und die Adeligen wichtige Träger der Kultur. Wie Mozart und Haydn vor ihm, so fand auch Beethoven Bewunderer und Freunde unter den Adeligen, selbst in der kaiserlichen Familie. Aber seine Sympathien gehörten den Gedanken der Freiheit und Gleichheit.

Diese Ideen waren inzwischen auch in Frankreich wieder in Gefahr. Die Revolution drohte im Bürgerkrieg zu enden. Napoleon war es schließlich, der Frankreich einte und mit seinen Armeen die Revolution über die Grenzen trug. Bis 1803 hatte er große Teile Oberitaliens und Westdeutschlands für die französische Republik gewonnen.

Welche Hoffnungen hatte Napoleon in den Völkern Europas geweckt: die Hoffnung auf Freiheit und Frieden, auf Gleichheit und Gerechtigkeit, ja selbst auf die freien Vereinigten Staaten von Europa! Viele sahen in ihm den „Friedensfürsten" einer neuen Zeit und einer neuen Welt.

Diesem „Helden" also hatte Beethoven seine dritte Symphonie gewidmet. Sie ist das größte bis dahin geschriebene Instrumentalwerk. Diese Symphonie bedeutet nicht nur einen Höhepunkt und Wendepunkt in Beethovens Schaffen, sondern auch den Beginn einer neuen Epoche der klassischen Musik. Sie eröffnet eine neue, eine freiere Ausdruckswelt. Von nun an unterscheidet sich Beethovens Musik deutlich von der Haydns und Mozarts; von nun an hat Beethoven seinen eigenen Platz in der Musikgeschichte der Welt.

Diese dritte Symphonie ist das erste symphonische Werk, das von einer Idee bestimmt ist. Sie ist das idealisierte Bild eines „heroischen" Menschen. Beethovens „Held" ist freilich kein Heerführer, der Länder unterwirft, sondern ein großer Mensch, der im Sinne von Kant, Goethe und Schiller für ethische Ideale kämpft, für Freiheit, Frieden und Menschenwürde, und der nach schwerem Kampf die Mächte des Bösen besiegt.

Im Mai 1804 war das Werk vollendet. Eine Abschrift sollte über die französische Botschaft in Wien nach Paris geschickt werden. Diese Abschrift war es, die auf Beethovens Arbeitstisch lag, als Ferdinand Ries eintrat und seinem Lehrer die Neuigkeit mitteilte: Napoleon hatte sich am 18. Mai selbst zum Kaiser ausgerufen.

Ries berichtet, was daraufhin geschah: Beethoven bebte vor Wut. Er schrie auf:

Ist der auch nichts anderes als ein gewöhnlicher Mensch! Nun wird auch er alle Menschenrechte mit Füßen treten, nur seinem Ehrgeiz dienen […] und ein Tyrann werden!

Beethoven stürzte zum Tisch, ergriff die Titelseite, riß sie von oben bis unten durch und warf sie auf den Boden. Auf einer zweiten Abschrift hat Beethoven die Worte „intitolata Bonaparte" ausradiert, das Wort Bonaparte offensichtlich in solchem Zorn, daß es im Paper ein Loch gab. Erst später erhielt die Symphonie den Titel, unter dem wir sie heute kennen: „Sinfonia eroica".

Noch während Beethoven an der „Eroica" arbeitete, machte sich Napoleon daran, Europa zu unterwerfen. Einer seiner Feinde war die österreichische Monarchie. Im Sommer 1805 marschierte Napoleon mit seiner Armee über Süddeutschland gegen Wien. Beethoven probte gerade seine Oper „Fidelio", als Napoleon am 13. November 1805 in Wien einzog und die Stadt besetzte.

Damit endete das ein Jahrtausend alte „Heilige Römische Reich deutscher Nation", dessen Krone die österreichischen Könige und Kaiser seit 1440 fast ohne Unterbrechung getragen hatten. An seine Stelle trat das Imperium Napoleons. Was Beethoven vorausgesagt hatte, traf ein: Napoleons Herrschaft wurde zu einer Militär- und Polizeidiktatur, die keine Menschenrechte achtete und keine Freiheit mehr duldete.

13. JOHANN HEINRICH PESTALOZZI
Lehrer der Armen

1798 war ein schweres Jahr in der Geschichte der Schweiz. Die französische Revolution erfaßte auch das Alpenland; französische Armeen überschritten die Grenzen, von vielen als Befreier begrüßt, von anderen als Unterdrücker gehaßt. Besonders die Bewohner des Kantons Unterwalden wehrten sich verzweifelt gegen die neue Ordnung und die fremde Macht. Ihre Dörfer wurden niedergebrannt, und viele von ihnen fanden den Tod. Hungernde und kranke Kinder irrten bettelnd umher, und der Winter stand bevor. Die neue Schweizer Regierung beschloß, in dem Ort Stans in einem Kloster ein Armenhaus für die Kriegswaisen einzurichten, und suchte einen Armenvater und Lehrer. Der einzige, der bereit war, diese Aufgabe zu übernehmen, war Johann Heinrich Pestalozzi.

Pestalozzi war ein seltsamer Lehrer. Überall wunderte man sich über den Sonderling mit dem dunklen, häßlichen Narbengesicht und seiner ärmlichen Kleidung. Die Fähigkeiten zu organisieren, eine Hauswirtschaft zu führen, Härte zu zeigen und sich durchzusetzen fehlten ihm völlig. Schon einmal hatte er versucht, eine Armenschule zu leiten, und war gescheitert. Würde er jetzt mehr Erfolg haben?

Als der Winter begann, kamen die ersten hungernden, verwilderten Bettelkinder in das halbfertige Gebäude, in dem es anfangs weder Öfen noch Betten gab. Bald lebten in dem Haus 80 Kinder, denen Pestalozzi die Eltern ersetzen mußte, so gut es ging.

... die Hilflosigkeit, in der ich mich befand, so schrieb er später an einen Freund, *nötigte mich, meinen Kindern alles in allem zu sein. Ich war von Morgen bis Abend [...] in ihrer Mitte. [...] Ich hatte nichts, ich hatte keine Haushaltung, keine Freunde, keine Helfer um mich, ich hatte nur sie.*

Im Frühjahr blühten die Kinder auf. Sie waren zu einer Familie geworden. Nun lernten sie lesen und schreiben. Doch im Sommer kam der Krieg zurück, und die Armee brauchte Pestalozzis Armenhaus als Spital. Nach sieben Monaten Mühe und Arbeit mußte Pestalozzi seine Kinder wegschicken. Wieder war er gescheitert. Auf der alten Burg in Burgdorf bei Bern richtete Pestalozzi 1799 ein neues Institut ein, und als die Kantonsregierung ihm auch dieses Schulhaus nahm, übersiedelte er 1804 nach Yverdon am Neuenburger See.

Damals waren die Dorf- und Armenschulen Gefängnisse für Kinder. Die Schulmeister zählten zu den niedrigsten Berufen. Oft waren es verarmte Handwerker oder invalide Soldaten, die mit Schlägen den Kindern das ABC beizubringen versuchten, obwohl sie selbst kaum lesen und schreiben konnten.

Pestalozzi aber ging einen neuen Weg: Er entwickelte eine Unterrichtsmethode. Die erste Lehrerin sei die Mutter, so sagte er, und der Lehrer in der Schule könne nur ihr Stellvertreter sein. Wie die Mutter den Kindern einfache Dinge erklärt, so müsse auch der Lehrer von Dingen ausgehen, die die Kinder kennen. Rechnen beginne nicht mit „Zahlen", sondern mit Äpfeln und Nüssen. Geographie beginne nicht mit der Landkarte, sondern mit der Betrachtung der Schweizer Berge. Schritt für Schritt müsse der Lehrer vom Einfachen zum Schwierigen fortschreiten.

Nach Pestalozzi gehören zur Erziehung nicht nur Lesen, Schreiben und Rechnen, sondern auch Zeichnen, Malen und Musik, Sport und Spiele und praktische Tätigkeiten, die auf den Beruf vorbereiten. Verstand, Hand und Herz gleichzeitig zu bilden, dies war sein Grundsatz.

Pestalozzi wußte, daß Wissen und Können den Armen hilft, sich selbst zu helfen. Wissen und Können sind aber auch nötig, wenn man anderen helfen will. Die Erziehung der Kinder zu sittlichen Menschen, zu Hilfsbereitschaft und Hilfsfähigkeit war sein höchstes Ziel:

Kennst du etwas Größeres und Schöneres, als den Armen zu raten und dem Leidenden aus seiner Not, aus seinem Elend zu helfen? Aber kannst du das, wenn du nichts verstehst? [...] wenn du viel weißt, kannst du viel raten, und wenn du viel verstehst, kannst du vielen Menschen aus ihrer Not helfen.

Fortgeschrittene ältere Schüler unterrichteten in Pestalozzis Anstalt die kleineren und schwächeren. Bald wurden die Lernenden zu Lehrern, und die jungen Lehrer erweiterten durch ihren Unterricht ihr eigenes Wissen und Können. So entstanden in Burgdorf und später in Yverdon die ersten Lehrerbildungsanstalten.

Doch Pestalozzi scheiterte auch dieses Mal. Sein Institut war verschuldet, seine Gegner warfen ihm vor, keine Ordnung zu halten, sie behaupteten, er sei ein Freund der französischen Revolution und mißachte den Glauben. Streit begann unter seinen Lehrern, und viele von ihnen verließen die Schule. Tief enttäuscht und verarmt schloß Pestalozzi, nun fast 80 Jahre alt, 1825 sein Institut in Yverdon.

Seine Ideen und seine Methode aber verbreiteten sich über die Welt. Der preußische König Friedrich Wilhelm III. und sein Staatsrat Wilhelm von Humboldt gründeten in ihrem Land „Volksschulen", und Schüler Pestalozzis lehrten dort seit 1812 nach der neuen Methode. Nun kamen auch junge Lehrer aus Holland, Dänemark, Schweden, Frankreich, Italien, ja sogar aus Amerika nach Yverdon und warben nach ihrer Rückkehr für Pestalozzis Ideen. So hat der unpraktische Sonderling, dessen Gründungen alle gescheitert waren, die Volkserziehung Europas gefördert wie kein anderer. Er hat „den europäischen Schulwagen umgekehrt", wie einer seiner Schweizer Schüler und Lehrer schreibt, „und in ein neues Geleise gebracht."

14. Sulpiz Boisserée
Die Vollendung des Kölner Doms

Der Kölner Dom gehört zu den berühmtesten Bauwerken der Welt. Seine 106 Meter hohen Türme und sein gewaltiges Mittelschiff prägen das Bild der Stadt. Vier Jahrhunderte lang sah es in Köln jedoch ganz anders aus. An der Stelle des Doms stand eine riesige Bauruine. Zwar war der Chor vollendet, und etwa die Hälfte eines Turmes und Teile der Seitenschiffe waren errichtet, doch in den Jahren vor 1800 waren auch diese Teile vom Verfall bedroht. Der Chor war geplündert, das Domgelände diente als Gefangenenlager und schließlich als Pferdestall der französischen Armee.

1248 hatte der Erzbischof von Köln den Grundstein zum Bau des Doms gelegt. Als um 1500 die Kultur und Kunst der Renaissance und dann die Reformation sich über Mitteleuropa ausbreitete, war dieser Riesenbau noch lange nicht vollendet; zu Ende aber war das Mittelalter. Für die neue Zeit galt die mittelalterliche Kultur als rückständig, ihre Kunst als wild und barbarisch. Ein neues Schimpfwort wurde dafür geprägt: „gotisch“. So blieb der Dom jahrhundertelang unfertig, eine Ruine, ein Überrest aus „finsterer“ Zeit.

Daß aus dieser Ruine der Kölner Dom entstand, verdanken wir einem Kaufmannssohn aus Köln, Sulpiz Boisserée. 1803 traf Boisserée, damals zwanzig Jahre alt, in Paris den Philosophen und Schriftsteller Friedrich Schlegel. Schlegel war der Wortführer der aufblühenden deutschen Romantik. Mit Erstaunen und Bewunderung erlebten die neuen Freunde die Kathedrale Notre Dame und auf ihrer Rückreise die mittelalterliche Architektur und Kunst der Kirchen und Klöster in den Niederlanden und am Niederrhein. Sie erkannten, daß vieles, was bis dahin als wild und barbarisch galt, in Wirklichkeit Zeugnisse einer großen Kultur waren. Der unfertige Kölner Dom sei „das merkwürdigste aller Denkmale“, so schrieb Schlegel. „Wäre er vollendet, so würde auch die gotische Baukunst ein Riesenwerk aufzuzeigen haben, was (mit) den stolzesten des neuen oder alten Rom verglichen werden könnte.“

Von nun an betrachtete Sulpiz Boisserée die Vollendung des Kölner Doms als seine Lebensaufgabe. Es war ihm klar, daß er für diesen Plan nicht nur das verarmte Köln gewinnen mußte, sondern ganz Deutschland.

Damals galt Johann Wolfgang von Goethe als die geistige Autorität Deutschlands. Ihn wollte Boisserée als ersten überzeugen. Dies war aber keineswegs leicht. Goethes Vorbild war die Kunst der klassischen Antike. Die altdeutsche und die neue romantische Kunst dagegen lehnte er ab. Am 3. Mai 1811 traf Boisserée Goethe in Heidelberg.

Ich komme eben von Goethe, der mich recht steif und kalt empfing, schrieb Boisserée an seinen Bruder. *Er machte bei allem ein Gesicht, als ob er mich fressen wollte.*

Am nächsten Tag trafen sie sich ein zweites Mal. Als „Werbegeschenk" hatte Boisserée romantische Illustrationen zu Goethes „Faust" mitgebracht. Nun brach das Eis. Spielte nicht auch sein Faust in einer gotischen Welt?

Ich weiß nicht, wie ich meine Worte setzte, so schreibt Boisserée weiter, *der Alte wurde ganz gerührt davon, drückte mir die Hand und fiel mir um den Hals. Das Wasser stand ihm in den Augen ...*

So gewann Boisserée Goethe für die mittelalterliche Kunst und nicht zuletzt für die Vollendung des Kölner Doms.

Drei Jahre später überzeugte Boisserée eine weitere wichtige Persönlichkeit. Es war die Zeit der Niederlage Napoleons. 1814 zog die preußische Armee in Köln ein. Der kluge Kaufmann sah voraus, daß das Rheinland nun ein Teil des preußischen Staates werden würde. Am 16. Juli führte er den preußischen Kronprinzen Friedrich Wilhelm durch die Domruine. Dieser, der spätere König Friedrich Wilhelm IV., war erfüllt von romantischen Ideen und liebte die altdeutsche Kunst. Es war leichter, den Prinzen zu gewinnen, als Goethe. Wieder schreibt Boisserée an seinen Bruder:

Der Kronprinz von Preußen war gestern hier, und ich begleitete ihn auf den Dom und durch die ganze Stadt. Du kannst dir nicht denken, welche Freude er hatte [...]. Der Kronprinz wollte nun eben gleich den Dom ausbauen ...

Der Prinz hatte freilich noch ein anderes Motiv für den Dombau als die Freude an alter Kunst – und er nicht allein. Bis zur napoleonischen Zeit bestand Deutschland aus vielen Kleinstaaten; nun aber hatte das Erlebnis der Fremdherrschaft und der Befreiungskriege den Wunsch nach nationaler Einheit geweckt. War die Domruine nicht ein Symbol des Zerfalls gewesen? Jetzt wollten die deutschen Patrioten ein neues Reich bauen, und der neuerbaute Dom sollte sein Denkmal sein.

Freilich gab es auch kritische Stimmen. War es nicht sinnlos, nach einem halben Jahrtausend die gotische Kunst zu erneuern? War das Mittelalter nicht eine Zeit der geistigen Unfreiheit gewesen? Waren die Kathedralen nicht „Riesenkerker" der Vernunft, wie Heinrich Heine schrieb? Brauchte man das Geld nicht dringend für den Bau von Wohnungen?

Doch der Wille zur Vollendung des Doms war stärker als alle Bedenken und Schwierigkeiten. Am 4. September 1842 legte der preußische König Friedrich Wilhelm IV. den Grundstein. Sulpiz Boisserée, damals fast 60 Jahre alt, hatte sein Ziel erreicht. Den Abschluß der Arbeiten hat er nicht mehr erlebt. Am 15. Oktober 1880 feierte Kaiser Wilhelm I. und mit ihm das neue Deutsche Reich die Vollendung des Doms, 632 Jahre nach dem Beginn seines Baus.

Abb. 7:   Der Kölner Dom während der Bauarbeiten. Noch fehlen links die zwei gewaltigen Türme, die das Gebäude heute so unverwechselbar machen.

15. KARL MARX UND FRIEDRICH ENGELS
Proletarier aller Länder, vereinigt euch!

„Ein Gespenst geht um in Europa – das Gespenst des Kommunismus." Mit diesem Satz beginnt eine kleine Schrift von 23 Seiten, die im Februar 1848 in deutscher Sprache in London erschien. Damals nur von wenigen beachtet, später aber millionenfach verbreitet, verkündete sie den Armen der Welt die Freiheit von Ausbeutung und Unterdrückung und das Ende ihrer Not: das „Manifest der Kommunistischen Partei" von Karl Marx und Friedrich Engels.

Als das „Kommunistische Manifest" erschien, stand der frühe Kapitalismus auf seinem Höhepunkt. Mit der Erfindung der Dampfmaschine, der Textilmaschinen und der Eisenbahn hatte in Großbritannien die industrielle Revolution begonnen und in wenigen Jahrzehnten die britische Wirtschaft und Gesellschaft vollständig verändert. In den Händen der Unternehmer konzentrierte sie Reichtum und Macht; die Folgen für das rasch wachsende Heer der Arbeiter dagegen waren Ausbeutung und Unterdrückung, Armut und Not. Was waren die Ursachen dieser Krise? Im „Kommunistischen Manifest" gaben Marx und Engels ihre Antworten auf diese Fragen.

Die Geschichte aller bisherigen Gesellschaft ist die Geschichte von Klassenkämpfen. [...] Unterdrücker und Unterdrückte standen in stetem Gegensatz zueinander, führten einen ununterbrochenen Kampf.

Mit der französischen Revolution – so lehren Marx und Engels – ist das Bürgertum zur herrschenden Klasse geworden. Mit Hilfe der modernen Industrie und ihrer neuen Produktions- und Transportmittel hat das Bürgertum große Leistungen vollbracht und große Reichtümer erzeugt; es hat sich über die Erde verbreitet und den Welthandel und den Weltmarkt geschaffen. Damit waren die Klassenkämpfe aber nicht beendet.

Unsere Epoche, die Epoche der Bourgeoisie, zeichnet sich [...] dadurch aus, daß sie die Klassengegensätze vereinfacht hat. Die ganze Gesellschaft spaltet sich mehr und mehr in zwei große, feindliche Lager [...] Bourgeoisie und Proletariat.

Kleine Unternehmer und Kaufleute, Handwerker und Bauern unterliegen im Konkurrenzkampf und werden selbst zu Proletariern. Immer größer wird die Masse der ausgebeuteten Arbeiter; immer tiefer sinken diese ins Elend, denn in den Wirtschaftkrisen sind immer mehr Arbeitsuchende bereit, ihre Arbeitskraft auch für Hungerlöhne zu „verkaufen".

Wenn aber die Arbeitermassen sich vergrößern, dann wächst auch ihre Kraft und ihr Mut zum Kampf gegen den „Todfeind". Die Proletarier werden – wie Marx und Engels voraussagen – sich vereinigen. Endlich werden sie stark und mutig genug sein, ihr großes Ziel zu erreichen: Ihre Befreiung und die Vernichtung der Bourgeoisie durch eine große Revolution.

Die Bourgeoisie produziert ihre eigenen Totengräber. Ihr Untergang und der Sieg des Proletariats sind gleich unvermeidlich.

Die Aufgabe der Kommunisten ist es, die Arbeiter auf diese Revolution vorzubereiten, auf die ewige Herrschaft des Proletariats. So endet das Kommunistische Manifest mit einem Aufruf zur Vereinigung und mit der Verheißung der Freiheit und der Weltherrschaft:

Mögen die herrschenden Klassen vor einer kommunistischen Revolution zittern. Die Proletarier haben in ihr nichts zu verlieren als ihre Ketten. Sie haben eine Welt zu gewinnen.

Proletarier aller Länder, vereinigt euch!

Im Februar 1848 begann in Frankreich die Revolution. Marx, in Brüssel verhaftet und aus Belgien ausgewiesen, reiste sofort nach Paris. War der beginnende Aufruhr in den europäischen Hauptstädten bereits der Beginn der proletarischen Revolution? Marx erkannte, daß dies nicht der Fall war. Noch waren die Reste des Feudalismus und der Monarchie nicht besiegt; und noch eine weitere wichtige Aufgabe war ungelöst: die Aufklärung und Vorbereitung des Proletariats. Erst die nächste Revolution würde – nach Marx – die letzte sein.

Bis zu ihrem Tod 1883 und 1895 warteten Marx und Engels vergeblich auf die Große Revolution. Sie hatten vorausgesagt, daß sie in Großbritannien beginnen würde, aber gerade hier blieb das Kommunistische Manifest fast völlig wirkungslos. In Deutschland übernahmen der Arbeiterführer Ferdinand Lassalle und die Sozialdemokraten mit August Bebel und Wilhelm Liebknecht an ihrer Spitze viele Gedanken von Marx und Engels, aber einen gewaltsamen Umsturz und eine Diktatur des Proletariats erwarteten sie nicht.

Zu einer weltgeschichtlichen Macht wurde der Marxismus erst durch Wladimir Iljitsch Lenin und später durch Mao Zedong. Für Lenin und seine Anhänger galt die russische Oktoberrevolution von 1917 als die große proletarische Revolution, die Marx und Engels vorausgesagt hatten. Doch dies war ein Irrtum. Der Umsturz von 1917 war nicht die Revolution des Proletariats, sondern die Revolution Lenins; sie führte nicht zu einer Herrschaft der Arbeiter, sondern zur Diktatur eines einzigen Mannes; durch sie haben die Proletarier die Welt nicht gewonnen, sie haben ihre Ketten nicht verloren, sondern nur gegen andere getauscht.

140 Jahre nach dem Erscheinen des Manifests brach die kommunistische Herrschaft in Osteuropa zusammen. Der Versuch, durch den Kommunismus eine Welt ohne Ausbeutung, Unterdrückung und Not zu schaffen, war gescheitert. Was Michail Gorbatschow am 25.12.1991 über den Untergang der Sowjetunion sagte, gilt nicht weniger für den Untergang der großen Idee von Marx und Engels: „Die Entwicklung hat einen anderen Weg genommen."

16. Friedrich Wilhelm Nietzsche

Gott ist tot

Am 24. Oktober 1844 taufte Carl Ludwig Nietzsche, evangelischer Pfarrer in einem kleinen Ort bei Leipzig, seinen ersten Sohn und gab ihm den Namen des regierenden preußischen Königs Friedrich Wilhelm. Mit „tiefbewegtem Herzen" weihte er ihn „dem Herrn", denn wie der Vater und die Großväter sollte auch der Sohn Prediger werden. In strenger Gottesfurcht erzogen daher die Eltern und, nach dem frühen Tod des Vaters, die Mutter, die Großmutter und die Tanten das Kind, in einem strengen, leidenschaftlichen Glauben, der sich noch in dem Gedicht des 20jährigen Abiturienten Friedrich Wilhelm Nietzsche ausdrückt:

Dem ich in tiefster Herzenstiefe
Altäre feierlich geweiht,
[...] Dem unbekannten Gotte,
Sein bin ich ...

Und doch war dieser verehrte Gott nicht mehr der bekannte Gott seiner Eltern, er war „unbekannt" geworden. Philosophie und Wissenschaft hatten längst begonnen, das alte Gottesbild in Frage zu stellen. Der christliche Gott ist nichts anderes als ein Phantasiegebilde des Menschen, so lehrte Ludwig Feuerbach in seinem Buch „Das Wesen des Christentums" (1841). 1859 erschien Charles Darwins Werk „Von der Entstehung der Arten". Konnte man aus Darwins Erkenntnis nicht schließen, daß der Mensch nicht ein Geschöpf Gottes sei, sondern nur ein biologisches, letztlich ein materielles Wesen? Als Nietzsche 1865 als Student der Altphilologie in Leipzig Arthur Schopenhauers atheistische Philosophie kennenlernte, starb auch sein Glaube an den „unbekannten" Gott.

Es ist seltsam: Viele verloren ihren alten Glauben und fanden neue Lebensinhalte: Bildung und Fortschritt, Wohlstand und Glück; der Verlust schien ihnen gleichgültig zu sein. Für Nietzsche dagegen bedeutete dieser Verlust eine „Sonnenfinsternis, derengleichen es wahrscheinlich noch nicht auf der Erde gegeben hat":

Wohin bewegen wir uns? Fort von allen Sonnen? [...] Gibt es noch ein Oben und Unten? Irren wir nicht wie durch ein unendliches Nichts? Haucht uns nicht der leere Raum an? Ist es nicht kälter geworden? Kommt nicht immerfort die Nacht und mehr Nacht?

Wieder erscheint es seltsam: Kaum jemand litt mehr an dem Verlust seines Glaubens als Nietzsche, an der Irrfahrt des Lebens durch „ein unendliches Nichts", und dennoch bekämpfte er erbittert den sterbenden Glauben an Gott; er verfluchte das Christentum, als ob er Gott noch dafür bestrafen müßte, weil er entdeckt hatte, daß er nicht existiert. Schuldig und stolz zugleich zählte sich Nietzsche selbst zu denen, die Gott „getötet" haben:

Wohin ist Gott? [...] Ich will es euch sagen! Wir haben ihn getötet – ihr und ich! Wir alle sind seine Mörder! Gott ist tot! [...] Wie trösten wir uns, die Mörder aller Mörder? Das Heiligste und Mächtigste, was die Welt bisher besaß, es ist unter unseren Messern verblutet ...

Wenn Gott tot ist, dann sind auch die Werte fragwürdig geworden, die auf dem Glauben beruhen:

Kann man nicht alle Werte umdrehen? und ist Gut vielleicht Böse? [...] Ist alles vielleicht im letzten Grunde falsch?

Falsch ist vor allem die christliche Moral – so lehrt Nietzsche – dieser

„Schatten Gottes", der als letzter besiegt werden müsse. Zeigt nicht das Leben selbst, daß Moral lebensfeindlich ist? Mitleid und Nächstenliebe schützen das kranke und schwache Leben und verhindern, daß das gesunde und starke sich entwickelt. In der Natur gibt es keine Moral. Hier herrschen die Starken und Gesunden, die Mitleidlosen und Aggressiven, hier ist Leben Kampf ums Dasein, Sieg des Starken, „Wille zur Macht".

„Man muß die Moral vernichten, um das Leben zu befreien", lehrt Nietzsche weiter, dann wird auch unter den Menschen der „Wille zur Macht" erwachen; dann wird die Menschheit sich weiterentwickeln und eine höhere Stufe erreichen:

Seht, ich lehre euch den Übermenschen! Der Übermensch ist der Sinn der Erde.

Dies ist die Botschaft von Nietzsches bedeutendstem Buch, seiner „Anti-Bibel", wie er es nannte, „Also sprach Zarathustra" (1883/84). So wurde Nietzsche, der den Glauben verloren und verflucht, der die moralischen Werte verworfen hatte, zum Verkünder eines neuen „Sinns der Erde", des „Übermenschen".

Und abermals erscheint es uns seltsam: Nietzsche, der den starken, gesunden und aggressiven Übermenschen verkündete, der die Lehre von der gesunden Rasse und dem starken, aggressiven „Führer" der Nationalsozialisten vorbereitete, war körperlich schwach und seelisch empfindlich; ja, er war seit seiner Jugend unheilbar krank. Die Stelle als Professor für klassische Philologie, die er 1869 – noch nicht 25 Jahre alt – an der Universität Basel angetreten hatte, mußte er zehn Jahre später aufgeben, als sich seine Krankheiten verschlimmerten. Ruhelos und einsam suchte er seitdem an verschiedenen Orten in Italien und in der Schweiz Erleichterung von seinen körperlichen und seelischen Leiden, von seiner „siebten Einsamkeit", von dem Schatten der „Sonnenfinsternis", nachdem er Gott „ermordet" hatte, den er doch nicht vergessen konnte und der am Ende zurückgerufen wird, Schmerz und Glück zugleich:

Nein!
Komm zurück!
Mit allen deinen Martern!
All meine Tränen laufen
zu dir den Lauf
und meine letzte Herzensflamme,

dir glüht sie auf.
O komm zurück,
mein unbekannter Gott! mein Schmerz!
mein letztes Glück! ...

Am 3. Januar 1889 endete Nietzsches bewußtes Leben. Nietzsche – jetzt 45 Jahre alt – hatte an diesem Tag gerade seine Wohnung in Turin verlassen, als er sah, wie auf der Piazza Carlo Alberto ein brutaler Kutscher sein Pferd mißhandelte. Der kranke Philosoph, der den mitleidlosen Übermenschen verkündet hatte, warf sich weinend dem geschlagenen Tier um den Hals und brach in geistiger Verwirrung zusammen.

Abb. 8: Universität Basel. Hier war Nietzsche von 1869 bis 1879 Professor für klassische Philologie.

17. ROBERT KOCH
Kampf gegen Seuchen

Seit Jahrtausenden bedrohen Seuchen die Menschheit. Um die Mitte des
14. Jahrhunderts tötete die Pest die Hälfte der Bevölkerung Europas, und
noch 1859 forderte die Cholera allein in Hamburg mehr als 1000 Men-
schenleben. Die mörderischste dieser Krankheiten war die Tuberkulose.
Sie trat nicht von Zeit zu Zeit auf wie Pest und Cholera, sie herrschte
immer und überall. Noch im 19. Jahrhundert starb jeder siebte an Tbc,
in den mittleren Lebensjahren oft jeder dritte.

Natürlich wußte man, daß die Tuberkulose ansteckend war. Aber wie
die Übertragung geschah, das war völlig unbekannt. Im August 1881
begann Robert Koch mit der Untersuchung dieser Fragen. Robert Koch,
Sohn eines Bergmanns aus dem Harz, Landarzt und seit 1880 Mitglied
des Gesundheitsamtes in Berlin, hatte bereits eine Tierseuche untersucht
und entdeckt, daß ihre Ursache und Übertrager Kleinstlebewesen waren,
„Bazillen" oder „Bakterien". Galt dies nicht auch für die Tuberkulose?

Selbst mit dem besten Mikroskop konnte Koch in dem kranken Blut nicht
finden, was er suchte. Er wußte, daß man durch Färbung Bakterien sicht-
bar machen konnte, aber auch dieses Verfahren war zunächst erfolglos.
Nach zahllosen Versuchen fand Koch eine Farbmischung, die etwas
Neues erkennen ließ. Unter seinem Mikroskop entdeckte er winzige,
blaugefärbte Stäbchen. Waren dies die Krankheitserreger?

Koch gab ein Tröpfchen des kranken Blutes auf einen „Nährboden".
Nach einigen Tagen hatten sich dort die Stäbchen vermehrt. Nun über-
trug er einen winzigen Teil des ersten Nährbodens auf einen zweiten.
Wieder vermehrten sich dort die Stäbchen. Mit dem zweiten impfte er
einen dritten und so fort. So züchtete Koch eine „Reinkultur" der Stäb-
chen ohne andere Reste des kranken Blutes. Schließlich impfte er einige
Tiere mit Tropfen der Reinkultur. Alle Tiere erkrankten an Tuberkulose.
Die Bakterien waren also in der Tat die Erreger und Übertrager der
Krankheit.

Am 24. März 1882 gab Koch in Berlin Wissenschaftlern und Ärzten seine Entdeckung bekannt. Nun verbreitete sich sein Ruhm über die ganze
Welt. Ein Jahr später erreichte ihn ein Hilferuf aus Ägypten. Dort hatte

sich, aus Asien kommend, die Cholera ausgebreitet. Koch reiste sofort nach Ägypten und anschließend sogar nach Indien. Das Ergebnis der Reise war die Entdeckung der Cholerabazillen und ihres wichtigsten Übertragungsmittels: schmutziges Wasser. Jetzt war klar, wie man diese Seuche bekämpfen konnte.

Kochs Hauptziel blieb jedoch die Bekämpfung der Tuberkulose. Er wußte, daß Ende des 18. Jahrhunderts der englische Landarzt Edward Jenner die Pockenimpfung eingeführt hatte. Er wußte auch, daß der französische Chemiker Louis Pasteur eine interessante Entdeckung gemacht hatte: Wenn man Tiere mit abgeschwächten oder abgetöteten Krankheitserregern impft, dann bekommen diese Tiere die betreffende Krankheit nicht mehr. War es nicht möglich, auch einen Impfstoff gegen Tuberkulose zu finden? Koch tötete Tuberkulosebakterien ab und begann damit Impfversuche mit kleinen Tieren. Der Erfolg war erstaunlich. Die geimpften Tiere wurden nicht mehr krank, und Tiere, die bereits krank waren, wurden wieder gesund. Koch nannte sein neues Medikament „Tuberkulin".

Am 4. August 1890 begann der 10. internationale medizinische Kongreß in Berlin. Aus vielen Ländern kamen Ärzte und Naturforscher. Unter dem Jubel aller Anwesenden verkündete der Kultusminister des Deutschen Reichs Kochs Sieg über die Tuberkulose. Koch dagegen warnte vor zu großen Hoffnungen. Bis dahin hatte er nur Tierversuche gemacht. Über die Wirkung des Mittels bei Menschen wußte man noch nichts. Trotzdem strömten nun Tausende von Kranken nach Berlin in der Hoffnung auf Heilung. Es war nicht Kochs Schuld, daß viele enttäuscht wurden, denn besonders bei Schwerkranken zeigte das Mittel leider kaum eine Wirkung.

Dennoch bedeutete Tuberkulin den ersten wichtigen Schritt zur Bekämpfung der Tbc. Noch heute verwendet man es – nicht, um die Krankheit zu heilen, sondern um sie zu erkennen. Wenn man einen Tbc-Kranken damit impft, dann rötet sich die Impfstelle. So kann man die Krankheit rechtzeitig feststellen und behandeln, lang bevor sich der Patient krank fühlt. Von 1882 bis 1912 sank in Deutschland die Zahl der Todesfälle durch Tbc auf weniger als die Hälfte und bis 1932 auf weniger als ein Viertel.

Neue Hilferufe führten Koch 1896 nach Südafrika, wo er durch seinen Impfstoff die Rinderpest besiegte, und wenig später nach Indien, wo die Menschenpest abermals ausgebrochen war. Kochs Erkenntnisse zur Bekämpfung der Pest und später der Schlafkrankheit und Malaria haben auch diese furchtbaren Seuchen zurückgedrängt. Für seinen erfolgreichen Kampf gegen die Seuchen erhielt Robert Koch 1905 den Nobelpreis für Medizin. Inzwischen setzten auch seine Schüler diesen Kampf fort. Emil von Behring fand die Erreger und die Heilmittel für Diphterie und Tetanus; Kochs japanischer Schüler Kitasato entdeckte gleichzeitig mit dem französischen Arzt A. Yersin den Erreger der Pest.

Unermeßlich ist die Bedeutung dieser Ärzte und Wissenschaftler für die Menschheit. Seit ihren Entdeckungen haben die meisten Seuchen ihre Schrecken verloren; mehr als vervierfacht hat sich seitdem die Bevölkerung der Erde. Milliarden Menschen verdanken ihnen eine neue Lebenserwartung und eine neue Lebensqualität, freilich um den Preis neuer Probleme in einer zu klein gewordenen Welt.

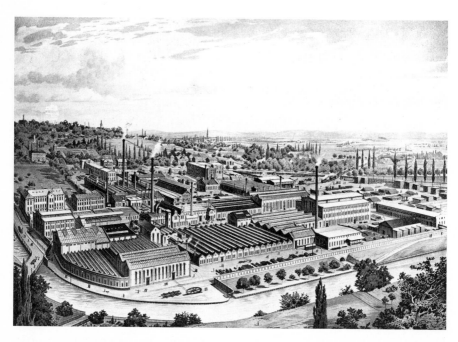

Abb. 9:   Maschinenfabrik Augsburg, um 1900. In dieser Fabrik brachte Diesel seinen Motor zur Fertigungsreife. Er leistete rund 18 PS bei 154 Umdrehungen pro Minute. Der Motor steht heute im Deutschen Museum in München.

18. RUDOLF DIESEL
Es ist schön, so zu erfinden

Am 10. August 1893 erschütterte eine Explosion die Versuchshalle der Maschinenfabrik Augsburg. Wie durch ein Wunder blieben die beiden Männer in der Halle unverletzt: der Mechaniker Hans Linder und der Ingenieur Rudolf Diesel. Zum ersten Mal hatte der Motor „gezündet", welcher einige Jahrzehnte später Millionen von Maschinen und Generatoren, von Personen, Lastwagen und Omnibussen, von Traktoren, Lokomotiven und Schiffen antreiben sollte: der Dieselmotor. Wer war jener Ingenieur?

Im Herbst 1870 war der damals zwölfjährige Diesel nach Deutschland gekommen. Seine Eltern, deutsche Handwerker in Frankreich, waren 1870 während des deutsch-französischen Krieges von Paris nach London geflohen und dort so verarmt, daß sie ihre Kinder nicht mehr ernähren konnten. Eine verwandte Familie in Augsburg nahm nun den jungen Diesel auf. Die Not hatte ihn arbeiten gelehrt, und mit Fleiß und Energie stürzte er sich in seine Studien an der Industrieschule in Augsburg, fasziniert vom Fortschritt der Naturwissenschaft und Technik und erfüllt von dem Wunsch, Ingenieur zu werden. So begann Diesel seine Laufbahn in der Stadt, die später durch seine Erfindung berühmt wurde.

Der Motor, welcher die industrielle Revolution ermöglicht hatte, war die Dampfmaschine. Aber die Dampfmaschine war eine Dienerin der Reichen, weil sie umso rationeller arbeitete, je größer und teurer sie war; und sie war vor allem eine Verschwenderin, denn selbst die größten und besten ihrer Art hatten einen Wirkungsgrad von nur zehn bis zwölf Prozent. Die Dampfmaschinen drohten daher die kleineren Betriebe und das Handwerk zu vernichten und die wirtschaftliche Macht in den großen Fabriken zu konzentrieren. Unter den Lohnarbeitern, die die Fabrikhallen füllten, waren nicht wenige verarmte Handwerker. Als Karl Marx „Das Kapital" schrieb, stand die Dampfmaschine auf dem Höhepunkt ihrer Herrschaft. Sie war „der Motor des Kapitalismus".

War die Konzentration der Wirtschaftsmacht in den Händen der Großkapitalisten wirklich ein historisches Gesetz, wie Marx glaubte? Konnte man nicht den kleineren Betrieben und den Handwerkern eine kleinere, billigere, rationell arbeitende Maschine zur Verfügung stellen? Es war nicht nur Diesels Glaube an den technischen Fortschritt, der ihn in seinem jahrelangen Kampf um den neuen Motor erfüllte, sondern auch diese soziale Idee.

Diesel dachte zuerst an eine Verbesserung der Dampfmaschine. Dann aber führte ihn seine Erfahrung mit Eismaschinen auf einen anderen Gedanken: Wird Gas zusammengepreßt, so entsteht Wärme; dehnt sich das Gas dagegen aus, so kühlt es sich gleichzeitig ab. Sollte es nicht möglich sein, mit Hilfe eines Kolbens in einem Zylinder die Luft so stark zu verdichten und zu erhitzen, daß eingespritzter Brennstoff sich von selbst entzündet und der entstehende Gasdruck den Kolben bewegt? Durch die hohe Verdichtung – so berechnete Diesel – müßte ein solcher Motor einen viel besseren Wirkungsgrad haben als die Dampfmaschine, ja sogar als der Viertakt-Gasmotor, den Nikolaus August Otto 1876 in Köln-Deutz gebaut hatte.

1892 erklärte sich die Maschinenfabrik Augsburg bereit, einen Versuchsmotor zu bauen. Auch das Stahlwerk Friedrich Krupp in Essen beteiligte sich an dem Projekt. Diesel hatte zwei der bedeutendsten Maschinenfabriken gewonnen. Als aber ein Jahr später sein Motor zum ersten Mal zündete, war er noch lange nicht am Ziel. Die Mißerfolge waren entmutigend, die Arbeitslast wuchs und die Kosten stiegen.

Das sind die Schwierigkeiten und Kämpfe, die jedem „Propheten" begegnen, so schrieb er damals. *Was für eine Schlacht ist doch das Leben!*

Erst nach vier Jahren, am 28. Januar 1897, hatte Diesel einen Motor entwickelt, der an Sparsamkeit alle bisher bekannten Wärmekraftmaschinen weit übertraf. Nun begann sich auch das Ausland zu interessieren. In der Schweiz, in Belgien, in Schottland, der Heimat der Dampfmaschine, und in den USA begann der Bau von Dieselmotoren. Der Erfinder stand auf dem Höhepunkt seiner Laufbahn.

Aber die jahrelangen Anstrengungen hatten Diesels Gesundheit angegriffen, und die finanziellen Schwierigkeiten und die Sorgen um seine Familie lasteten auf ihm trotz seines Weltruhms. Im Frühjahr 1912 traf Diesel in Orange City den amerikanischen Erfinder Th. A. Edison. Es war einer der letzten glücklichen Tage seines Lebens.

Am 29. September 1913 ging Diesel in Antwerpen an Bord des Dampfers „Dresden". Das Ziel des Schiffes war Harwich, der gleiche britische

Hafen, von dem aus er als zwölfjähriges Kind allein nach Deutschland gekommen war. Überwältigt von Sorgen und von einem Gefühl der Fragwürdigkeit allen menschlichen Fortschritts stürzte er sich nachts vom Schiff in die Nordsee und ertrank.

Es ist schön, so zu gestalten und zu erfinden, wie ein Künstler gestaltet und erfindet. Aber ob die ganze Sache einen Zweck gehabt hat, ob die Menschen dadurch glücklicher geworden sind, das vermag ich heute nicht mehr zu entscheiden.

Dies war eines der letzten Worte Diesels. Wenige Monate später begann der Erste Weltkrieg. Neue Waffen und Zerstörungsmittel wurden gebaut, Kriegsschiffe, Unterseeboote und später Panzer. Auch ihre Antriebsmaschinen waren Dieselmotoren.

19. THOMAS MANN
Buddenbrooks – Verfall einer Familie

Im nördlichsten Teil Deutschlands, nahe an der Ostsee, liegt die alte Handelsstadt Lübeck. Seit dem Ende des 18. Jahrhunderts lebte dort eine Kaufmannsfamilie, die durch Klugheit, Tatkraft und Geschäftssinn zu Ansehen und Wohlstand gelangte. Wir kennen ihre Geschichte. Die alte Familienchronik sowie Briefe und Dokumente sind erhalten. Gegenüber der gotischen Kirche St. Marien bewohnte die Familie ein stattliches Haus, und mit einer eigenen kleinen Flotte von Segelschiffen trieb sie Handel mit Getreide, der sie bis nach Stockholm und Amsterdam, nach Edinburgh und London führte.

In der Geschichte dieser Familie spiegelt sich die ganze Geschichte des 19. Jahrhunderts. Sie erlebte die napoleonischen Kriege, den Aufstieg Preußens, den Aufstieg des liberalen Bürgertums, dem sie selbst angehörte; sie erlebte die gescheiterte Revolution von 1848, den Aufschwung der Industrie und des Verkehrs mit Eisenbahnen und Dampf-schiffen und schließlich 1871 die Entstehung des neuen Deutschen Reiches.

Der Gründer der Firma, der am Anfang des 19. Jahrhunderts sein Geschäft zum Erfolg geführt hatte, war Johann Siegmund Mann, sein Enkel der Lübecker Senator und Kaufherr Heinrich Thomas Mann, und einer der beiden Urenkel, durch den die Familie und ihre Stadt in aller Welt bekannt geworden sind, war Thomas Mann.

Der Senator hatte nicht nur Freude an seinen Söhnen. Wer von ihnen würde später die Firma übernehmen? Weder Thomas noch sein Bruder Heinrich zeigten Interesse am Kaufmannsberuf. So endete 1891 die stolze hundertjährige Firma mit dem Tod des Senators. Thomas war 16 Jahre alt, als sein Vater starb, 19 Jahre, als er mit seiner Mutter nach München zog, und 22, als er während eines Aufenthalts in Italien den Roman über die Geschichte seiner Familie zu schreiben begann. Thomas Mann änderte den Namen und nannte sie „Buddenbrooks". Auch Charaktere und Handlungen wurden geändert, denn der junge Schriftsteller hatte sich ein anderes Ziel gesetzt, als eine historisch genaue Chronik zu schreiben. Der Untertitel des Romans bezeichnet das Thema: „Verfall einer Familie".

„Buddenbrooks" gilt als der Höhepunkt und Endpunkt der deutschen bürgerlichen Romanliteratur des 19. Jahrhunderts. Genau beobachtete Thomas Mann die Bürger seiner Heimatstadt, und mit feinem Sinn für Ironie beschreibt er in einer präzisen Sprache, wie sie denken, handeln und sprechen. Dies macht den Roman fesselnd trotz seiner epischen Breite und unterhaltsam trotz seines tragischen Endes.

Johann Buddenbrook, der Stammvater, ist der Gründer und Herr einer aufstrebenden Firma. Wie sein Vorbild Johann Siegmund Mann hat er sie durch Klugheit und Tatkraft zum Erfolg geführt. Sein Lebensinhalt ist sein Unternehmen, sein Glaube der Fortschritt. Aber bereits mit seinem Sohn beginnt der „Verfall". Jean Buddenbrook ist Romantiker, der Geschäftssinn seines Vaters ist ihm fremd.

Johann Buddenbrooks Enkel Thomas ist, so scheint es, noch einmal erfolgreich. Er wird Senator. Doch sein Erfolg ist brüchig, und sein selbstbewußtes Gesicht gleicht einer Maske. Er leidet an seinem Beruf, an dem Zwang, hart zu sein und zu handeln. Gewissen und Zweifel lähmen ihn. Seine Tatkraft schwindet, und seine Unternehmungen scheitern.

Unglücklich und vereinsamt ahnt er, daß sein Leben bald zu Ende gehen wird. Zufällig findet er ein Buch Schopenhauers. Er beginnt zu lesen und erkennt, daß der Philosoph sagt, was er selbst erfahren hat: Leben ist Leiden, und Erlösung bringt nur der Tod.

Abb. 10   Das Buddenbrookshaus in Lübeck. Hier wohnte die Familie Mann bis 1891.

Wenige Jahre später stirbt Thomas Buddenbrook. Sein 14jähriger Sohn Hanno, ein hilfloser und zielloser Träumer, bleibt zurück, hingegeben an seinen einzigen Lebensinhalt, die Musik. Zwei Jahre nach dem Tod des Vaters erlöst der Tod auch ihn. Damit endet der Roman.

Das 19. Jahrhundert gilt als das Zeitalter der Bürger. Mit dem wirtschaftlichen Aufschwung im neuen deutschen Kaiserreich begann ihre Glanzzeit. Die Welt stand ihnen offen. Bildung und Wissenschaft lag in ihren Händen, Technik und Industrie standen ihnen zur Verfügung, und Handel und Verkehr führten sie in alle Kontinente. Hatten sie nicht allen Grund, optimistisch zu sein? Erlebten sie nicht täglich Fortschritte und Erfolge? Gingen sie nicht „herrlichen Zeiten" entgegen, wie ihr Kaiser stolz verkündete?

Mitten in dieser Glanzzeit des Bürgertums schrieb Thomas Mann die Geschichte einer bürgerlichen Familie, die nicht mit Glanz und Erfolg endet, sondern mit ihrem Verfall. Wer wie Thomas Buddenbrook-Mann oder Hanno die bürgerliche Welt durchschaute und sich durch Fortschritt und Erfolg nicht blenden ließ, erkannte ihre Fragwürdigkeit und Vergänglichkeit. Geschichte hat kein Ziel, so sagte Schopenhauer, weder die Geschichte einer Familie noch die Geschichte der Welt. In ewigem Wechsel von Aufstieg und Verfall verläuft das Leben.

Unerwartet wurde „Buddenbrooks" zu einem der erfolgreichsten Bücher der deutschen Literatur, gelesen von Millionen Menschen, die erkannten, daß es auch von ihnen handelte, von deutschen und europäischen Bürgern, deren Glanzzeit nun zu Ende ging.

1949, fünfzig Jahre nach dem Entstehen der „Buddenbrooks", blickt Thomas Mann noch einmal auf die Zeit seines ersten Romans zurück:

… es fand sich, daß in seinen […] Schicksalen das europäische Bürgertum sich und seine seelische Situation um die Jahrhundertwende wiedererkannte, von wo es knapp anderthalb Jahrzehnte […] bis zum Ausbruch des Ersten Weltkrieges, zum Beginn der Weltrevolution und zum Ende des bürgerlichen Zeitalters waren.

20. KÄTHE KOLLWITZ

Bilder menschlicher Not

Wie kaum eine andere Künstlerin oder ein anderer Künstler hat Käthe Kollwitz ihr Werk auf ein einziges Thema begrenzt. Dieses Thema ist die menschliche Not.

Im Februar 1893 hatte Käthe Kollwitz, damals 26 Jahre alt, ein Erlebnis, das ihren Weg als Künstlerin bestimmte: die Uraufführung von Gerhart Hauptmanns Schauspiel „Die Weber" in Berlin.

Es war eine Vormittagsaufführung, so berichtet sie später. *Wer mir eine Karte verschafft hatte, weiß ich nicht mehr. […] Der Eindruck war gewaltig. Die besten Schauspieler wirkten mit […]. Diese Aufführung bedeutete einen Markstein in meiner Arbeit.*

Hauptmanns Schauspiel handelt von einem tragischen Geschehen in Schlesien: dem Aufstand der armen Weber gegen ihre Fabrikherren im Jahr 1844 und der Niederschlagung dieser Revolte durch das preußische Militär. Schonungslos und wirklichkeitsnah zeigt Hauptmann auf der Bühne das Elend und die Verzweiflung der hungernden Familien; er zeigt, wie die Weber von ihren Fabrikherren ausgebeutet werden, wie einige mutige junge Weber zum Aufstand aufrufen, wie sie die Villen der Fabrikanten stürmen und wie schließlich die Revolte blutig und erfolglos endet.

Schon 1892 sollte das Drama in Berlin öffentlich gespielt werden, doch der kaiserliche Polizeipräsident verbot die Aufführung. Man befürchtete Unruhen und Arbeiterdemonstrationen. Am 26. Februar 1883 wagte die „Freie Bühne" in Berlin die erste nichtöffentliche Aufführung. Diese war es, die für Käthe Kollwitz der „Markstein" ihrer Arbeit wurde.

Kollwitz brach sofort ihre bisherige Arbeit ab. Ihr einziges Ziel war es nun, den Weberaufstand darzustellen. Fünf Jahre lang, von 1893 bis 1898, arbeitete sie an den sechs Blättern der Bildfolge. Diese Blätter, drei Lithographien und drei Radierungen, gelten bis heute als Höhepunkt der naturalistischen Kunst.

Ursprünglich plante Kollwitz, ihrer Bilderfolge ein Gedicht voranzustellen, dessen Thema ebenfalls der Weberaufstand ist, Heinrich Heines „Die schlesischen Weber":

Im düsteren Auge keine Träne,
sie sitzen am Webstuhl und fletschen die Zähne:
„Deutschland, wir weben dein Leichentuch,
wir weben hinein den dreifachen Fluch –
wir weben, wir weben!"

...

„Ein Fluch dem König, dem König der Reichen,
den unser Elend nicht konnte erweichen,
der den letzten Groschen von uns erpreßt,
und uns wie Hunde erschießen läßt –
wir weben, wir weben!"

Heines Gedicht ist eine Anklage, ja ein Fluch gegen die Schuldigen; eine Anklage gegen die Reichen und Hartherzigen ist auch Hauptmanns Drama. Anders Käthe Kollwitz: Sie klagt nicht an, die Ausbeuter erscheinen in ihren Bildern nicht, ihr Thema ist allein die menschliche Not. Unbeschönigt, mit verhärteten, fast häßlichen Gesichtszügen stellt sie die leidenden Menschen dar; selten nur zeichnet sie ein krankes Kind in weicheren Linien. Ihre Kunst kennt keine leuchtenden Farben: Hartes Schwarz, Dunkelgrau und kaltes Weiß beherrschen ihre Bilder.

1898 wurden die sechs Blätter in Berlin ausgestellt. Genau wie Heines Gedicht und Hauptmanns Drama erregten auch sie das Mißfallen der Herrschenden und Reichen. Eine Auszeichnung, welche die Künstlerin erhalten sollte, wurde von Kaiser Wilhelm II. verhindert. Doch der Kaiser konnte nicht verhindern, daß Käthe Kollwitz von nun an eine geachtete Künstlerin war.

21 Jahre nach dem Beginn ihrer Arbeit am „Weberaufstand" erreichte Käthe Kollwitz den zweiten Markstein in der Entwicklung ihrer Kunst. Der erste Weltkrieg begann. Wenige Wochen später fiel ihr achtzehnjähriger Sohn Peter in Flandern.

... alle stellten ihr Leben unter die Idee der Vaterlandsliebe, so schreibt sie in ihrem Tagebuch über ihren gefallenen Sohn und über seine gefallenen Freunde. *Dasselbe taten die englischen, die russischen, die französischen Jünglinge. Die Folge war das Rasen gegeneinander. [...]*

Ist also die Jugend in all diesen Ländern betrogen worden? Hat man ihre Fähigkeiten zur Hingabe benutzt, um den Krieg zustandezubringen? Wo sind die Schuldigen? Sind alle Betrogene? [...] Ist es treulos gegen dich – Peter – daß ich jetzt nur noch den Wahnsinn sehen kann im Krieg?

Trotz ihres Schmerzes und trotz der Feindschaft unter den europäischen Völkern findet sich in den Briefen und Tagebüchern von Käthe Kollwitz kein einziges feindseliges Wort. Die menschliche Not in allen Ländern ist ein zentrales Thema auch in ihren Schriften.

Das Leiden und die Angst der Frauen in Armut und Krieg, das Leiden und der Tod ihrer Kinder sind von nun an die Motive ihrer Bilder. Sie wollte damit die Menschen ansprechen, sie wollte wirken, sie malte gegen den Krieg. Sie zeigte die Not, sie rief die Menschen zur Hilfe auf, und sie tat dies, ohne jemanden anzuklagen. Sie fragte nach den Schuldigen und gab doch niemandem die Schuld. Wollte sie zu verstehen geben, daß auch die Schuldigen „Betrogene" sind, ratlose und irregeleitete Menschen?

Ich will wirken in dieser Zeit, so schrieb sie im November 1922, *in der die Menschen so ratlos und hilfsbedürftig sind [...] ich wünschte schon, ich könnte noch lange Jahre so arbeiten.*

21. WILHELM CONRAD RÖNTGEN

Strahlen, die Millionen Menschen retten

Am 27. März 1917 vollendete Wilhelm Conrad Röntgen sein 72. Lebensjahr. An der Front in Frankreich in der Nähe von Toul versammelten sich an jenem Abend einige Offiziere, um den Geburtstag des Gelehrten zu feiern: „Wir lagen in den Gräben hinter Toul, als wir hörten, daß die Röntgenologen in den deutschen Hospitälern Röntgens Geburtstag begingen [...], und so beschlossen auch wir, an jenem Abend eine kleine Feier zu veranstalten."

Der Offizier, von dem dieser Bericht stammt, war kein Landsmann Röntgens, sondern ein amerikanischer Arzt; nicht Deutsche veranstalteten also die Feier, sondern ihre „Feinde". „Jawohl, wir tranken mit französischem Kognak auf die Gesundheit des alten deutschen Professors. [...] Wir verlebten einen schönen Abend und wünschten nur, der alte Professor Röntgen hätte uns hören können."

Der Haß und die Vernichtung im Ersten Weltkrieg hatten damals ihren Höhepunkt erreicht. Röntgen aber wurde von allen Völkern geehrt, denn gerade in der Kriegszeit bedeutete seine Entdeckung für alle Nationen eine unschätzbare Hilfe.

Am Abend des 8. November 1895 beobachtete Röntgen zum ersten Mal die Strahlen, die später seinen Namen trugen. Was in jener Nacht im physikalischen Institut der Universität Würzburg im einzelnen geschah, wissen wir nicht genau. Der schweigsame Gelehrte war allein, und nur seiner Frau, seinen besten Freunden und wenigen Besuchern machte er Andeutungen über den Verlauf der Entdeckung:

Ich hatte von meiner Arbeit niemandem etwas gesagt; meiner Frau teilte ich mit, daß ich etwas mache, von dem die Leute, wenn sie es erfahren, sagen würden: „Der Röntgen ist wohl verrückt geworden."

Mit Sicherheit wissen wir jedoch, daß Röntgen seit längerer Zeit mit sogenannten „Kathodenstrahlen" arbeitete. Dabei benutzte er luftleere, birnenförmige Glasröhren, in die je zwei Metallstücke eingeschmolzen waren. Legt man daran eine hohe elektrische Spannung, dann lösen sich, wie man später erkannte, Elektronen vom negativen Pol, fliegen durch das Vakuum der Röhre und treffen auf den positiven Pol oder auf die dahinterliegende Glaswand. Das Glas beginnt an dieser Stelle zu leuchten. Heute können wir diese Erscheinung täglich an den Fernsehröhren beobachten. Da der negative Pol als „Kathode" bezeichnet wird, nennt man den Strom der Elektronen, der hiervon ausgeht, „Kathodenstrahlen".

Mit solchen Kathodenstrahlen also experimentierte Röntgen im Herbst 1895. Nur aus einigen Notizen können wir den Vorgang der Entdeckung am 8. November erschließen: Röntgen – so nehmen wir an – legte ein Papier in die Nähe der Röhre, das mit einem Leuchtstoff bedeckt war. Wenn Licht auf einen solchen Leuchtstoff trifft, dann sendet auch dieser Lichtstrahlen aus. Nun schaltete Röntgen die Röhre ein. Da die Röhre leuchtete, leuchtete auch das Papier. Dann aber wickelte er ein schwarzes Papier um die Röhre. Jetzt konnten keine sichtbaren Lichtstrahlen mehr aus der Röhre dringen. Im Raum war es völlig dunkel. Wieder schaltete er das Gerät ein. Röntgen muß überrascht gewesen sein, denn das Leuchtpapier strahlte im dunklen Raum.

Die Wirkung war derart, daß sie den damaligen Vorstellungen gemäß nur von einer Lichtstrahlung herrühren konnte. Es war aber ganz ausgeschlossen, daß von der Röhre Licht kam, weil das dieselbe bedeckende Papier sicherlich kein Licht hindurchließ [...] Sicher war es etwas Neues, noch Unbekanntes.

Röntgen versuchte, die Strahlen durch seine Hand, durch ein Buch, durch Holzstücke, ja selbst durch Metallplatten abzuschirmen; doch das Papier leuchtete immer noch. Röntgen erkannte, daß die neuen Strahlen von der Stelle der Röhre ausgingen, an der die Kathodenstrahlen auf die Glaswand trafen. Aber erklären konnte er sie nicht. Daher der Name „X-Strahlen". Erst 17 Jahre später löste der Physiker Max von Laue, welcher damals zusmmen mit Röntgen in München arbeitete, das Rätsel: Auch die X-Strahlen sind Lichtstrahlen, aber ihre Energie ist etwa 10000 mal größer als die Energie der Strahlen des sichtbaren Lichts.

Als Röntgen mit Hilfe der neuen Strahlen seine Hand durchleuchtete und fotografierte, erschienen die klaren Umrisse der Knochen auf der fotografischen Platte. Diese ersten Röntgenfotos von Körperteilen erregten großes Erstaunen. Röntgen hatte nicht nur eine neue Art von Strahlen entdeckt, sondern zugleich eine wirksame Waffe im Kampf gegen Krankheiten gefunden, ein Mittel, das es erlaubte, das Innere des menschlichen Körpers zu sehen und zu fotografieren.

Kaum eine Erfindung hat sich rascher über die Welt ausgebreitet als die Röntgengeräte. Noch in den Jahren vor dem Ersten Weltkrieg trafen aus vielen Ländern Auszeichnungen für Röntgen ein, aus Großbritannien, aus Italien, aus Schweden, 1911 und 1912 aus Rußland, 1913 aus der Schweiz und noch 1914 aus den Vereinigten Staaten. Dann begann der Krieg. Mitten in der Notzeit ermöglichte Röntgens Erfindung unzähligen Kranken die Heilung, und unzählige Verwundete verdankten ihr das Leben. Heute ist die Zahl der Menschen, welche durch die Röntgenstrahlen gerettet wurden, bereits weitaus größer als die Zahl der vielen Millionen Toten aller Kriege unseres Jahrhunderts.

22. ALBERT SCHWEITZER
Ehrfurcht vor dem Leben

Am 6. Januar 1905 hielt der Vikar Albert Schweitzer in der Kirche Sankt Nikolai in Straßburg eine Predigt, die mit einem vernichtenden Urteil über die europäische Kultur seiner Zeit endete:

O, diese vornehme Kultur, die [...] von Menschenwürde und Menschenrechten zu reden weiß und diese [...] an Millionen und Millionen mißachtet und mit Füßen tritt, nur weil sie über dem Meer wohnen, eine andere Hautfarbe haben, sich nicht helfen können; diese Kultur hat kein Recht, von Menschenwürde und Menschenrechten zu reden.

Damals standen die europäischen Völker auf dem Höhepunkt ihrer Macht. Ihre Herrschaft erstreckte sich über alle Erdteile. Afrika und große Teile Asiens, Südamerikas und Australiens waren unterworfen und in riesige Kolonialreiche aufgeteilt. Auf seinem Höhepunkt stand auch der Imperialismus.

Wo sind die Arbeiter, die Handwerker, die Lehrer, die Gelehrten, die Ärzte, die [...] in diese Länder ziehen? [...] Unser Christentum wird zur Lüge und Schande, wenn nicht für jeden Gewalttätigen im Namen Jesu ein Helfer im Namen Jesu kommt, für jeden, der etwas raubt, einer der etwas bringt, für jeden der flucht, einer der segnet.

Als Schweitzer diese Predigt hielt, hatte er selbst schon den Entschluß gefaßt, als „Helfer" in eine Kolonie zu gehen und dort, soweit es seine Kräfte erlaubten, das Unrecht der „Gewalttätigen" wiedergutzumachen.

Albert Schweitzer stammte aus einer evangelischen Pfarrersfamilie im Elsaß. Nach einem Studium der Theologie, der Philosophie und der Musik in Straßburg, Paris und Berlin und dem Erwerb eines zweifachen Doktorgrades hatte er die besten beruflichen Möglichkeiten: als Universitätslehrer, als Musikwissenschaftler, als Künstler. Gegen den Widerstand von Angehörigen und Freunden wählte Schweitzer jedoch einen anderen Weg. In seinem Buch „Aus meinem Leben und Denken" berichtet er:

Am 13. Oktober 1905, einem Freitag, warf ich in Paris in einen Briefkasten [...] Briefe ein, in denen ich meinen Eltern und einigen meiner nächsten Bekannten mitteilte, daß ich mit Anfang des Wintersemesters

Student der Medizin werden würde, um mich später als Arzt nach Zen-tralafrika zu begeben.

Im März 1913 verließ Schweitzer seinen Heimatort Günsbach im Elsaß und reiste an den Ogowefluß, in das ehemalige Französisch-Äquatorial-afrika, das heutige Gabun. In einem Stall in der Nähe des Ortes Lamba-rene richtete er sein erstes Spital ein, das schon nach wenigen Tagen von Kranken überfüllt war.

Ein Jahr später begann in Europa der Erste Weltkrieg. Für Schweitzer war dieser Krieg die Konsequenz aus dem Niedergang der europäischen Kul-tur und Ethik. Den ganzen Sommer 1915, während in seiner Heimat der Krieg wütete, beschäftigte sich Schweitzer mit entscheidenden Fragen: War es möglich, trotz Völkerhaß, Leiden und Tod das Leben zu bejahen? War es möglich, Kultur und Ethik auf eine neue Grundlage zu stellen?

Im September fuhr er in einem Boot den Ogowefluß aufwärts, um eine Kranke zu besuchen.

Geistesabwesend saß ich auf dem Deck des Schleppkahns, um den uni-versellen Begriff des Ethischen ringend, den ich in keiner Philosophie gefunden hatte. [...] Am Abend des dritten Tages, als wir bei Sonnen-untergang gerade durch eine Herde Nilpferde hindurchfuhren, stand urplötzlich, von mir nicht geahnt und nicht gesucht, das Wort „Ehr-furcht vor dem Leben" vor mir.

Der Krieg erfaßte auch Afrika. Im Herbst 1917 wurde der deutsche Staatsbürger Schweitzer als Kriegsgefangener nach Frankreich geschickt und nach Kriegsende in seine Heimat entlassen. Am 16. Februar 1919 sprach Schweitzer in der gleichen Kirche in Straßburg, in der er 14 Jahre vorher gepredigt hatte, zum ersten Mal über das neue Grundgesetz der Ethik:

Ich kann nicht anders als Ehrfurcht haben vor allem, was Leben heißt, ich kann nicht anders als mitempfinden mit allem, was Leben heißt: Das ist der Anfang und das Fundament aller Sittlichkeit.

Das Leben selbst ist, wie Schweitzer sagt, ein unlösbares Rätsel, und die Frage, warum Lebewesen andere quälen und töten müssen, um selbst zu leben, bleibt unbeantwortet. Der Mensch kann jedoch den lebenzer-störenden Egoismus der Natur überwinden; er kann Leiden vermindern und Kranke heilen, statt sie dem Tod zu überlassen. Er allein ist fähig zur Ehrfurcht vor dem Leben.

Dies ist Schweitzers Überzeugung, die er nicht nur in seinen Büchern und

Predigten lehrte, sondern nach der er auch lebte. 1924 kehrte er nach Afrika zurück und errichtete eine neue Krankenstation. Als Schweitzer 1965 im Alter von 90 Jahren in Lambarene starb, hatten er, seine Frau, seine Helferinnen und Helfer etwa 70 000 Kranke behandelt, das ist ein Siebtel der Bevölkerung Gabuns.

In seiner Straßburger Predigt fährt Schweitzer fort:

Alles, was du tun kannst, wird in Anschauung dessen, was getan werden sollte, immer nur ein Tropfen statt eines Stromes sein; aber es gibt deinem Leben den einzigen Sinn, den es haben kann, und macht es wertvoll. […] Das Wenige ist viel – wenn du nur irgendwo Schmerz und Weh und Angst von einem Wesen nimmst, sei es ein Mensch, sei es irgend eine Kreatur. Leben erhalten ist das einzige Glück.

Abb. 11: Albert Schweitzer im Urwald-Hospital von Lambarene

23. Franz Kafka
Dem Frost dieses unglückseligsten Zeitalters ausgesetzt

Im eisigen Kriegswinter 1916/17 schrieb Kafka die Erzählung „Ein Landarzt". Sie gleicht einem Angsttraum. Rätselhaft und unheimlich ist ihr Inhalt, trostlos ihr Ende: Ein alter, nackter Mann steht nachts einsam und hilflos im Schnee und findet nicht mehr nach Haus. Zeichnet Kafka hier ein Bild von sich selbst? Oder von seiner Zeit? Wer war dieser Schriftsteller?

1883 wurde Franz Kafka in Prag geboren – in einem alten, verfallenden Haus am Rand des jüdischen Gettos. Seine Eltern waren böhmische Juden. Sein Vater hatte hart gearbeitet, er hatte sich aus Not und Armut befreit und ein Geschäft gegründet. Schließlich gelangte er zu Wohlstand und Ansehen. Die Oberschicht in Prag zur Zeit der Habsburger Monarchie war zum großen Teil deutsch. Der Aufstieg in diesen wohlhabenden Bürgerstand der Stadt – das war Herrmann Kafkas Lebensziel.

Für seine Kinder hatte er keine Zeit. Franz Kafka verbrachte eine angstvolle, bedrückende Kindheit und Jugend; er litt unter der Härte und Gefühlskälte des mächtigen Vaters, den er fürchtete und haßte, denn der Vater erwartete von ihm die gleichen Leistungen und die gleichen Erfolge: Aufstieg und Ansehen in der bürgerlichen Welt. Einen anderen Lebenssinn kannte er nicht. Wie das Christentum verkümmerte in diesem aufstrebenden Bürgerstand auch die jüdische Religion; wie viele andere verlor auch die jüdische Familie Kafka ihren alten Glauben, der einst dem Leben ihres Volkes einen Sinn gegeben hatte.

Bedrückend war auch die Welt außerhalb der elterlichen Wohnung. Seit Jahrhunderten herrschte Mißtrauen und Streit zwischen den nationalen Gruppen in Prag, zwischen der tschechischen Bevölkerung und der deutschen Oberschicht. Als im 19. Jahrhundert der Nationalismus erstarkte, steigerte sich das Mißtrauen zu offener Feindschaft. Einig waren sich die Fanatiker auf beiden Seiten nur in einem Punkt: in ihrem Haß gegen die Juden. So breitete sich auch in dem österreichisch-ungarischen Vielvölkerstaat der Nationalismus und Rassenhaß aus, der das Europa des 20. Jahrhunderts vergiftete.

1889 trat Franz Kafka in die jüdisch-deutsche Schule ein; 1906 beendete er sein juristisches Studium an der Karls-Universität – ein einsamer, gehemmter junger Mann, der unter Angst- und Schuldgefühlen litt. 1908 begann er seine Tätigkeit als Angestellter bei der „Arbeiter-Unfall-Versicherungs-Anstalt" in Prag. Gewissenhaft erfüllte er seine beruflichen Aufgaben, aber sein Lebensziel war weder beruflicher Erfolg noch bürgerliches Glück:

Das Schreiben erhält mich [...] ich kenne nur dieses: In der Nacht, wenn mich die Angst nicht schlafen läßt, kenne ich nur dieses.

Ist auch die Erzählung vom Landarzt in einer solchen Nacht entstanden? In einer schlaflosen, eisigen Winternacht spielt sie jedenfalls: Die Nachtglocke ruft den Arzt zu einem Kranken; es ist ein Junge in einem entfernten Dorf. Doch das Pferd des Arztes ist in der Kälte verendet. Was soll er tun? Da brechen plötzlich zwei starke Pferde aus dem Schweinestall, der schon lange leersteht; aus dem gleichen Stall kriecht ein Knecht; in rasender Fahrt wird der Arzt zu dem Kranken gebracht; die Pferde stehen still; ungeduldig wartet die Familie;

... der Junge [...] hängt sich an meinen Hals, flüstert mir ins Ohr: „Doktor, laß mich sterben." [...] und nun finde ich: ja, der Junge ist krank. In seiner rechten Seite hat sich eine handtellergroße Wunde aufgetan [...] offen wie ein Bergwerk obertags. [...] Aus der Nähe zeigt sich noch eine Erschwerung. Wer kann das ansehen, ohne leise zu pfeifen? Würmer, an Stärke und Länge meinem kleinen Finger gleich [...] winden sich ans Licht. Armer Junge, dir ist nicht zu helfen. Ich habe deine große Wunde aufgefunden, an dieser Blume in deiner Seite gehst du zugrunde.

Die Familie erwartet Hilfe. Doch wer kann eine solche Wunde heilen?

Immer das Unmögliche vom Arzt verlangen. Den alten Glauben haben sie verloren; der Pfarrer sitzt zu Hause [...] aber der Arzt soll alles leisten.

Nackt und hilflos steht der Arzt in der Winternacht, er will fliehen, er treibt die Pferde an, aber sie gehorchen ihm nicht mehr:

... langsam wie alte Männer zogen wir durch die Schneewüste. [...] Niemals komme ich so nach Hause ..."

Wer die Wunde seines Zeitalters erkannt hat, der findet nicht mehr in das bürgerliche Leben zurück. Einsam irrt der Landarzt durch den Schnee:

Nackt, dem Frost dieses unglückseligsten Zeitalters ausgesetzt, mit irdischen Wagen, unirdischen Pferden treibe ich mich alter Mann umher. [...] Einmal dem Fehlläuten der Nachtglocke gefolgt – es ist niemals gutzumachen."

Als Kafka die Erzählung von dem Landarzt und der unheilbaren Wunde schrieb, war er selbst bereits unheilbar krank. Er litt an Tuberkulose. Noch konnte er schreiben. Sein literarisches Werk ist nicht groß: drei Romanfragmente, „Amerika" (seit 1913), „Der Prozeß" (seit 1914), „Das Schloß" (seit 1920) und einige Erzählungen.

Er war scheu, ängstlich, sanft und gut, berichtet später seine tschechische Freundin Milena, *aber die Bücher, die er schrieb, waren grausam und schmerzhaft. Er sah die Welt voll von [...] Dämonen, die den schutzlosen Menschen bekämpfen und vernichten.*

Am 3. Juni 1924 starb Franz Kafka. Zwei Jahrzehnte später starben auch Milena und seine Schwestern. 1944 wurden sie mit Tausenden von Angehörigen seines Volkes in den Todeslagern der Nationalsozialisten ermordet, vernichtet von den Dämonen „dieses unglückseligsten Zeitalters".

24. WALTER GROPIUS UND LUDWIG MIES VAN DER ROHE

Kunst und Technik – eine neue Einheit

Am 11. November 1918 endete der Erste Weltkrieg. Das deutsche Kaiserreich war zusammengebrochen. Krieg und Niederlage hatten die bürgerliche Gesellschaft erschüttert, erschüttert waren auch ihre Werte und Vorstellungen, die ganze spätromantische „Kultur" der wilhelminischen Kaiserzeit.

Im April 1919 wurde der Architekt Walter Gropius zum Leiter der Hochschule für bildende Kunst in Weimar berufen. Er gab der Schule den Namen „Staatliches Bauhaus in Weimar". Wenige Jahre später wurde dieses „Bauhaus" zu einer der bedeutendsten Schulen moderner Architektur, Gestaltung und Kunst.

Vor großen Aufgaben stand vor allem die Architektur. Die Bevölkerungszunahme im 19. Jahrhundert, die Landflucht und nicht zuletzt der Krieg hatten die Wohnungsnot dramatisch verschlimmert; Industrie und Handel, Verwaltung und Erziehung stellten der Baukunst ganz neue Aufgaben. Andererseits hatte diese auch ganz neue Möglichkeiten – dank der modernen Technik und Industrie. Die neuen Aufgaben und Möglichkeiten und die neue Zeit – so erkannte Gropius – erforderten einen neuen Anfang.

Die wilhelminische Architektur und Kunst hatte Vorbilder aus der Geschichte imitiert: gotische Dome und barocke Schlösser. Die moderne Kunst dagegen sollte nicht durch Vorbilder aus der Vergangenheit bestimmt sein, sondern durch die Bedürfnisse der Gegenwart. Nicht mehr kaiserlicher Prunk und romantische Ornamentik sollten ihre Merkmale sein, sondern Einfachheit und Sachlichkeit, Sparsamkeit und Vernunft.

Die ideale Form eines Gebäudes oder eines Produkts ist bestimmt durch seine Funktion. So lautete der Leitsatz des Bauhauses, den Gropius durch einen zweiten ergänzte: Die Grundlagen der modernen Architektur und Produktgestaltung sind Technik und Industrie. 1923 veranstaltete das Bauhaus seine erste große Ausstellung mit dem Titel:

Kunst und Technik – eine neue Einheit

Zwei Jahre später übersiedelte das Institut nach Dessau. Hier bot sich die Gelegenheit, die neuen Ideen in einem Modellgebäude und Modellinstitut zu verwirklichen, das in der Architekturgeschichte bekannt ist unter dem Namen „Bauhaus Dessau". Das Bauhaus Dessau unterscheidet sich völlig von älteren Gebäuden. Es ist nicht symmetrisch und hat keine Hauptfassade. Die Anlage besteht aus einfachsten, rechtwinkeligen Körpern, die genau ihren Aufgaben entsprechen: den Aufgaben der Schule, der Verwaltung, der Werkstätten und des Studentenwohnheims. Alle Teile sind durch „Brücken" miteinander verbunden. Die „Träger" der Baugruppe sind nicht mehr feste Außenmauern, sondern ein inneres Stahlskelett. Die Außenwände sind aufgelöst in „Fensterbänder" und „Lichtwände" aus Stahl und Glas.

Gewiß entstanden schon vor dem Ersten Weltkrieg Gebäude, die man als „modern" bezeichnen kann: Glas- und Eisenkonstruktionen in England und Frankreich, Flach- und Hochhäuser in den USA, Fabrikgebäude in Deutschland. Das Bauhaus aber wurde geradezu der Prototyp von Millionen Fabrik- und Verwaltungsgebäuden, von Schul- Geschäfts- und Wohnhäusern auf der ganzen Welt. So entstand eine Architektur, die man als die „klassische Moderne" bezeichnet.

Vorbilder wurden auch die Werke der Bauhauskünstler wie Paul Klee, Wassily Kandinsky und Lyonel Feininger, und nicht zuletzt die Produkte, die Lehrer und Schüler am Bauhaus gestalteten, Einrichtungsgegenstände wie Möbel und Lampen, sogar Fahrzeuge. Manche der strengen und einfachen Formen übernahm die Industrie für ihre Produkte.

1932 endete die Zeit des Bauhauses in Dessau. Im Stadtrat erlangten die Nationalsozialisten die Mehrheit. Sie haßten das Bauhaus und seine moderne „internationale", also „undeutsche" Architektur. Das Institut wurde sofort geschlossen. Sein letzter Leiter, der Architekt Ludwig Mies van der Rohe, versuchte, das Bauhaus in Berlin weiterzuführen; aber am 11. April 1933 wurde das Gebäude von der SA und der Polizei besetzt.

Nun, nachdem Hitler an die Macht gekommen war, begann der Auszug der Architekten und Künstler aus Deutschland. 1934 ging Gropius nach England; 1937 wurde er Professor für Architektur an der amerikanischen Harvard University. Seinem Lehrplan folgten nach und nach fast alle Architekturschulen in den USA. Bald unterrichteten auch seine Schüler. So wurde Gropius zu einem einflußreichen Lehrer der internationalen modernen Architektur.

1938 übersiedelte auch Mies van der Rohe in die USA und wurde Leiter der Architekturabteilung des Illinois Institute of Technology, Chicago. Der Neubau des Campus der Hochschule war das erste einer Reihe von Werken in den USA, meist Hochhäuser in strengen, rechteckigen Formen, wie das Seagram Building in New York. 1968 kehrte Mies van der Rohe noch einmal nach Deutschland zurück, wo er sein letztes Werk vollendete, die Nationalgalerie in Berlin.

Als Gropius und Mies van der Rohe 1969 starben, hatten sich die großen Städte der westlichen Welt völlig verändert. Mit dem Aufbau nach dem Krieg waren neue Wohnsiedlungen entstanden, neue Industrie-, Verwaltungs- und Geschäftsgebäude, Wunderwerke der Technik aus Stahl und Glas in strengen geometrischen Formen, die bis heute die Skylines der Städte prägen und die Idee des Bauhauses verwirklichen, das Gropius 50 Jahre zuvor in Weimar gegründet hatte:

Kunst und Technik – eine neue Einheit

Abb. 12: Am 26. Februar 1938 besichtigt Josef Goebbels die Ausstellung „Entartete Kunst" im Haus der Kunst am Königsplatz in Berlin. Ab Sommer 1937 wurde die Ausstellung als Wanderausstellung in verschiedenen Städten Deutschlands gezeigt.

25. EMIL NOLDE
Entartete Kunst – ungemalte Bilder

Der 18. Juli 1937 war ein Festtag, wie die Stadt München noch keinen erlebt hatte. Nach vierjähriger Bauzeit war das riesige, strahlend weiße Tempelgebäude in der Prinzregentenstraße vollendet, das „Haus der Deutschen Kunst". „Der Führer" – so schrieben die Zeitungen – „weiht das größte und schönste Ausstellungsgebäude auf der Welt." Etwa 600 000 Menschen waren zusammengeströmt. Mit Hunderten von Hakenkreuzfahnen marschierte die Hitlerjugend zu dem neuen „Tempel der Kunst", gefolgt von einem kilometerlangen Festzug zur Verherrlichung von „2 000 Jahren deutscher Kultur".

Der „Führer" hielt die Eröffnungsrede: „Die heutige Zeit arbeitet an einem neuen Menschentyp. Ungeheuere Anstrengungen werden vollbracht, um das Volk zu heben, um unsere Männer, Knaben und Jünglinge, die Mädchen und Frauen gesünder und damit kraftvoller und schöner zu gestalten. [...] Ein leuchtend schöner Menschentyp wächst heran, [...] der Mensch der neuen Zeit."

Dieser starke und schöne, gesunde und freudige Mensch war das Thema, das die deutschen Künstler von nun an zu gestalten hatten. Er war das zentrale Thema auch der Bilder und Plastiken der „Großen Deutschen Kunstausstellung 1937" in den Hallen des neuen Tempels. Überlebensgroße Statuen stolzer deutscher Jünglinge, Bilder von blonden deutschen Mädchen, von kraftvollen Bauern und Arbeitern, aber auch von sonnenbestrahlten deutschen Landschaften waren die ausgestellten Werke. Der „Künstler" Adolf Hitler hatte sie zum großen Teil selbst ausgewählt.

Am folgenden Tag wurde – ebenfalls durch die Nationalsozialisten, und nur wenige hundert Meter vom Haus der Deutschen Kunst entfernt – eine zweite Ausstellung eröffnet. Aus allen großen deutschen Museen hatte man Bilder und Plastiken der expressionistischen und abstrakten Kunst geholt. Dicht gedrängt hingen oder standen in den engen Räumen etwa 600 Werke: religiöse Bilder von Emil Nolde, Max Beckmann und Marc Chagall, Plastiken von Ernst Barlach, Frauenbildnisse von Ernst Ludwig Kirchner und Otto Müller, abstrakte Darstellungen von Bauhauskünstlern wie Wassily Kandinsky, Paul Klee und Lyonel Feininger, Landschaften von Karl Schmidt-Rotluff, Lovis Corinth und Oskar Kokoschka, Tierdarstellungen von Franz Marc, aber auch erschütternd realistische Szenen aus dem Ersten Weltkrieg und schockierende, bittere Satiren von Otto Dix und Georg Grosz.

Den Besuchern bot sich hier ein ganz anderes Bild vom Menschen als im Haus der Deutschen Kunst. Hier zeigten sich seine Schwachheit und sein Leid, seine Angst und Einsamkeit in einer fragwürdigen und rätselhaften Welt. Schlagworte wie „Steinzeitkultur", „jiddisch gesehen", „Neger Rassenideal" oder „So schauen kranke Geister in die Natur" hatten die Nationalsozialisten über die Bilder geschrieben, und über dem Eingang der Ausstellung hing ein riesiges, rotes Plakat mit der Aufschrift „Entartete Kunst".

Von diesem Tag an begann eine systematische Bilder- und Künstlerjagd. Nicht weniger als 16 000 Kunstwerke wurden aus deutschen Museen beschlagnahmt; ein großer Teil davon wurde in Berlin verbrannt. Kokoschka, Feininger, Beckmann und anderen „entarteten Künstlern" gelang es, ins Ausland zu fliehen; einige blieben in Deutschland.

Einer von diesen war Emil Nolde. Er lebte im nördlichsten Teil des Landes, nahe der dänischen Grenze. Ahnungslos war er der NSDAP beigetreten, denn er hatte ihren Versprechungen einer großen Zukunft für die deutsche Kultur geglaubt. Doch er wurde bald enttäuscht. 27 seiner Bilder hingen in der Ausstellung „Entartete Kunst"; sein neunteiliger Zyklus „Das Leben Christi" aus den Jahren 1911/12 war dort eines der auffallendsten Werke. Insgesamt 1 052 Aquarelle, Ölbilder und Kupferstiche Noldes fielen 1937 in die Hände der Nationalsozialisten.

Vier Jahre später wurde Nolde „... mit sofortiger Wirkung jede berufliche – auch nebenberufliche – Betätigung auf dem Gebiet der bildenden Kunst untersagt". Die Gestapo hatte den Auftrag, das Verbot zu überwachen. Nolde litt unter dem Verbot. Er wagte nicht mehr, Ölbilder zu malen, weil ihn der Geruch des Öls verraten konnte. Dennoch arbeitete er weiter. Er zog sich in ein kleines, halbverstecktes Zimmer zurück, von dem aus er die Polizisten beobachten konnte, wenn sie sich seinem Haus näherten. Freunde besorgten für ihn Papier und Aquarellfarben, die er selbst nicht mehr kaufen konnte. Er war 75 Jahre alt und völlig isoliert.

Ich bin ein armer, rechtloser Mensch, schrieb er 1942, *seelisch und künstlerisch geächtet und verfolgt. Ich bin nicht hochmütig, aber werde gedemütigt, es wundert mich fast, daß ich noch nicht zum völligen Nichts erniedrigt bin.*

In dem Versteck in seinem einsam gelegenen Haus hat Nolde sein Alterswerk geschaffen. Es sind kleine, oft nur handgroße Aquarelle in dunklen, leuchtenden Farben. Wie in Traumbildern formen sich die Farbflächen zu menschlichen Gestalten; man glaubt, für einen Moment „Seelen" zu erkennen, ihre Angst, ihre Einsamkeit, ihr Glück und ihr Unglück, bevor die Gestalten wieder in die Farbflächen zurückfließen.

Nolde nannte diese Aquarelle „ungemalte Bilder". Wenige haben sie gesehen, solange Hitler an der Macht war; sorgfältig wurden sie versteckt, bis 1945 die Zeit der Bilderverfolgung endete.

Bilder können so schön sein, so schrieb er damals, *daß sie profanen Augen nicht gezeigt werden können.*

26. ALBERT EINSTEIN
Die Verantwortung der Wissenschaftler

Im Februar 1932 begann in Genf die größte Abrüstungskonferenz der Geschichte. Die Vertreter von 60 Nationen aus der ganzen Welt waren in der Schweiz zusammengekommen, um die Rüstung zu beschränken und zukünftige Kriege zu „vermenschlichen". Denn noch erinnerte man sich gut an die Schrecken des Ersten Weltkriegs, und schon wurden neue Waffen für neue Kriege gebaut.

Unerwartet erschien im Mai Albert Einstein. Kompromißlos und voller Verachtung für die Abrüstungskonferenz verkündete er vor der internationalen Presse seine eigene Überzeugung von Krieg, Frieden und Abrüstung:

Krieg kann nicht vermenschlicht werden, man muß ihn abschaffen. [...] Die Leute müssen überzeugt werden, jede Art von Militärdienst zu verweigern. [...] Wenn die Arbeiter dieser Welt [...] sich entschließen, Waf-

fen weder herzustellen noch zu transportieren, würde dem Krieg ein für allemal ein Ende gesetzt.

Einstein galt damals nicht nur als der bedeutendste Wissenschaftler seiner Zeit, er war auch bekannt als radikaler Pazifist. Als Sohn jüdischer Eltern in Ulm geboren, verbrachte Einstein in München seine Kindheit, studierte an der Eidgenössischen Technischen Hochschule in Zürich Physik und erhielt 1902 eine bescheidene Stelle am Patentamt in Bern. Plötzlich wurde die wissenschaftliche Welt auf ihn aufmerksam. In der Zeitschrift „Annalen der Physik" des Jahres 1905 erschien eine Arbeit mit dem Titel „Zur Elektrodynamik bewegter Körper". Heute ist diese Arbeit bekannt unter dem Namen „Spezielle Relativitätstheorie". Der kurze Aufsatz enthält eine der Grundlagen der modernen Physik. Wenige verstanden damals seine Bedeutung. Unter diesen wenigen war Max Planck, Professor der theoretischen Physik in Berlin. 1913 berief seine Majestät der deutsche Kaiser auf Plancks Empfehlung Einstein als Professor an die „königlich-preußische Akademie der Wissenschaften" und an die Universität. In den Jahren 1914/15 begründete Einstein die „Allgemeine Relativitätstheorie". Als der Krieg zu Ende war und es 1919 dem britischen Physiker Sir Arthur Eddington gelang, die neue Hypothese zu beweisen, stand Einstein auf dem Höhepunkt seines Ruhms. Er galt als der größte Wissenschaftler des Jahrhunderts.

Einstein liebte Berlin, die Stadt der Wissenschaften, in der er berühmt geworden war, und doch gab es dort manches, was ihn abstieß. Als überzeugter Pazifist verachtete er den preußischen Militarismus, der auch nach dem verlorenen Krieg noch lebendig war, vor allem aber den Nationalismus und den Haß gegen die Juden, der sich durch Not und Niederlage noch gesteigert hatte. Bald richtete sich der Haß der Nationalisten auch gegen den Juden Einstein. Als 1933 Hitler an die Macht gekommen war, verließ Einstein Europa und emigrierte nach Amerika.

Solange mir eine Möglichkeit offensteht, so sagte er nach seiner Ankunft in den USA, *werde ich mich in einem Land aufhalten, in dem politische Freiheit, Toleranz und Gleichheit aller Bürger vor dem Gesetz herrschen. Diese Bedingungen sind gegenwärtig in Deutschland nicht erfüllt.*

Dort begann nun eine Zeit der Verfolgung und Unterdrückung. Immer mehr Flüchtlinge strömten aus Deutschland nach Westeuropa oder folgten Einstein in die USA, darunter viele bedeutende Gelehrte.

Im Dezember 1938 entdeckte Einsteins Freund aus seiner Berliner Zeit, Otto Hahn, die Spaltung der Uran-Atome, und sein dänischer Freund Niels Bohr brachte die Nachricht nach Amerika. Eine neue, gewaltige Energiequelle stand nun den Menschen zur Verfügung. Mußte man

Abb. 13   Einstein-Karikatur von Walter Trier.
Der 1890 in Prag geborene Pressezeichner und Karikaturist Walter Trier war Mitarbeiter der berühmten satirischen Zeitschrift „Simplicissimus" und zeichnete ab 1910 für die „Berliner Illustrirte Zeitung". Bis heute ist er bekannt geblieben als der Illustrator von Erich Kästners Jugendbüchern („Das fliegende Klassenzimmer", „Emil und die Detektive", „Pünktchen und Anton" ...) Wie Einstein emigrierte auch Walter Trier 1933 aus Deutschland, zunächst nach England, wo er für „Liliput" und „Picture Post" arbeitete; er starb 1951 in Collingwood (Ontario, Kanada).

nicht befürchten, daß Hitler Atomwaffen bauen ließ? Wer warnte die Politiker, die diese Gefahr noch nicht erkannten? Wer warnte vor allem den Präsidenten der USA? Nur Einstein – so glaubten die amerikanischen Wissenschaftler – würde dazu die Autorität haben. Sie legten Einstein einen Brief zur Unterschrift vor, der mit den folgenden Worten begann:

Sir, einige der letzten Arbeiten von E. Fermi und L. Szilard [...] lassen mich erwarten, daß in nächster Zukunft das Element Uran zu einer neu-en, wichtigen Energiequelle werden kann. [...] Diese [...] würde auch zum Bau von Bomben führen, und es ist vorstellbar – obwohl keineswegs gesichert – daß außerordentlich wirkungsvolle Bomben einer neuen Art gebaut werden können.

Und Einstein, der jahrzehntelang einen radikalen Pazifismus verkündet hatte, der die Arbeiter aufgefordert hatte, keine Waffen herzustellen und den Kriegsdienst zu verweigern, unterschrieb. Als Präsident Franklin D. Roosevelt im Oktober 1939 Einsteins Brief erhielt, hatte der Krieg schon begonnen. Der Physiker Jacob Oppenheimer wurde beauftragt, die Herstellung von Atomwaffen zu organisieren. Einsteins Formel aus der speziellen Relativitätstheorie e=mc^2 war eine der Grundlagen ihrer Berechnung. Am 6. August 1945 endete der Krieg, als amerikanische Atombomben zwei Städte vernichteten und 260 000 Menschen töteten. Dies geschah nicht in Deutschland, das bereits besiegt war, sondern in Japan.

Am Abend hörte Einstein die Nachricht im Radio. Wir dürfen vermuten, daß er dachte, was Oppenheimer ausgesprochen hat:

Jetzt haben die Physiker die Sünde kennengelernt, und dieses Wissen wird sie nie mehr verlassen.

27. BERTOLT BRECHT
Leben des Galilei

Seit 1933 lebte Bert Brecht in Dänemark. Wie viele andere Schriftsteller war er aus Deutschland geflüchtet, als Hitler die Macht übernommen hatte. Im Exil entstanden Stücke wie „Mutter Courage" (1939) und „Der gute Mensch von Sezuan" (1939). Wohl das bedeutendste dieser Exildramen ist „Leben des Galilei" (1938).

Dieses Schauspiel handelt also von dem berühmten italienischen Gelehrten, der in der ersten Hälfte des 17. Jahrhunderts die moderne Physik begründete. Es handelt aber nicht nur von Physik, und es geht nicht nur um Ereignisse in der Vergangenheit.

In dem Jahr sechzehnhundertundneun
Schien das Licht des Wissens hell
Zu Padua aus einem kleinen Haus.
Galileo Galilei rechnete aus:
Die Sonn steht still, die Erd kommt von der Stell.

Ein Sprecher erklärt so den Zuschauern im Theater den Inhalt der ersten Szene, und eine Tafel erscheint auf der Bühne mit den Worten:

Galileo Galilei, Lehrer der Mathematik zu Padua, will das neue koperni-
kanische Weltsystem beweisen.

Brecht zeigt Galilei als Helden einer neuen Zeit.

Durch zweitausend Jahre glaubte die Menschheit, daß die Sonne und
alle Gestirne des Himmels sich um (die Erde) drehen, so belehrt Galilei seinen Schüler Andrea. *Aber jetzt fahren wir heraus, Andrea, in*
großer Fahrt. Denn die alte Zeit ist herum, und es ist eine neue Zeit.

Ein neues Zeitalter der Vernunft, das ist es, was Galilei nun erwartet. Die Lehre des Kopernikus und Galileis Beweise dafür bedeuten nur die ersten Schritte in dieses Zeitalter. Bald wird der Zweifel alle alten Ansichten in Frage stellen. Bald wird man das Fernrohr nicht nur auf die Sterne richten, so sagt Galilei, sondern auch auf die Gesellschaft, auf die Mächtigen und Unterdrücker.

Doch die alten Mächte, vor allem die Kirche, dulden weder Zweifel noch Vernunft. „Galilei, ich sehe dich auf einer furchtbaren Straße", warnt sein Freund.

Das ist eine Nacht des Unglücks, wo der Mensch die Wahrheit sieht.
Und eine Stunde der Verblendung, wo er an die Vernunft des Men-
schengeschlechts glaubt. [...] Meinst du, der Papst hört deine Wahrheit,
wenn du sagst, er irrt ...?

Was Galileis Freund befürchtet hat, geschieht: Die päpstliche Inquisition
macht Galilei den Prozeß wegen Verbreitung von Unglauben und Irrtum. Man droht ihm mit Folter, und Galilei widerruft die Wahrheit.

Natürlich erinnert das Drama von der Erkenntnis der Wahrheit und
ihrer Unterdrückung an die Unterdrückung im Deutschland Adolf Hitlers. Als Galileis Schüler Andrea Italien verläßt, besucht er ein letztes
Mal seinen alten, gefangenen Lehrer und erhält von ihm einen letzten
Rat:

Gib acht auf dich, wenn du durch Deutschland kommst, die Wahrheit
unter dem Rock.

Wenige Monate, nachdem Brecht die Arbeit an seinem Schauspiel beendet hatte, verließ er Dänemark. Auch dort war er nicht mehr sicher. Es
war kurz vor dem Beginn des Zweiten Weltkriegs. Über Schweden, Finnland und die Sowjetunion flüchtete er nach Kalifornien, wo er im Juli
1941 ankam.

In den USA beschäftigte sich Brecht abermals mit seinem Stück „Leben
des Galilei". Zusammen mit dem Schauspieler Charles Laughton
bereitete er in den Jahren 1944 und 1945 eine amerikanische Aufführung vor. In dieser Aufführung erscheint Galilei in einem ganz anderen Licht. Sein Heldentum ist fragwürdig geworden. Gewiß, auch der
„dänische" Galilei war nicht immer ein „Held". Nun aber wird Galilei
fast als Verräter dargestellt.

Wer die Wahrheit nicht weiß, der ist bloß ein Dummkopf. Aber wer sie
weiß und sie eine Lüge nennt, der ist ein Verbrecher.

Was Galilei früher stolz über andere sagte, gilt nun für ihn. Er wußte die
Wahrheit und hat sie eine Lüge genannt. Ja, Galilei ist noch aus einem
anderen Grund schuldig. Obwohl er Gefangener der Inquisition ist, hat
er weitergearbeitet.

Und ich überlieferte mein Wissen den Machthabern, es zu gebrauchen,
es nicht zu gebrauchen, es zu mißbrauchen, ganz, wie es ihren Zwecken
diente.

Anstelle eines Helden steht nun ein Angeklagter auf der Bühne. Aber
nicht nur Galilei ist angeklagt.

Das atomarische Zeitalter machte sein Debut in Hiroshima in der Mitte unserer Arbeit, so schreibt Brecht. *Von heute auf morgen las sich die Biographie des Begründers der neuen Physik anders.*

Indem Brecht und Laughton Galilei schuldig sprechen, sprechen sie ihr Urteil über die Wissenschaftler unserer Zeit. Auch sie haben ihr Wissen den Machthabern überliefert, die es brauchten und mißbrauchten, ganz wie es ihren Zwecken diente.

1948 kehrte Bert Brecht aus der Emigration nach Deutschland zurück. In seinem Theater in Ostberlin probte er in den Jahren 1954 bis 1956 eine dritte Fassung des Schauspiels. Inzwischen hatte der atomare Rüstungswettlauf begonnen. Die Menschheit erkannte, daß sie in der Lage war, sich selbst zu vernichten. Wieder stellte sich die Frage nach der Beurteilung des Galilei und der modernen Wissenschaft. Als Brecht im August 1956 starb, war die Gestaltung des Galilei auf der Bühne und sein Urteil über ihn noch immer nicht abgeschlossen. War es noch möglich, ihn als Vorbote eines neuen Zeitalters der Vernunft zu betrachten? Oder waren er und die Wissenschaftler nach ihm Verräter des Wissens und der Wahrheit?

28. DIE GESCHWISTER SCHOLL UND DIE WEIßE ROSE
Für ein neues, geistiges Europa

Im Februar 1943 erreichte der Krieg seinen Wendepunkt. In Stalingrad erlitt die deutsche Wehrmacht ihre erste, vernichtende Niederlage. Am 23. dieses Monats erschien in den „Münchener Neuesten Nachrichten" die folgende Meldung:

> *Todesurteile wegen Vorbereitung zum Hochverrat. Der Volksgerichtshof verurteilte am 22. Februar den 24 Jahre alten Hans Scholl, die 21 Jahre alte Sophie Scholl, beide aus München, und den 23 Jahre alten Christoph Probst wegen Vorbereitung zum Hochverrat zum Tode [...] Das Urteil wurde am gleichen Tage vollstreckt."*

In den folgenden Monaten wurden in München und anderen deutschen Städten etwa 130 Personen verhaftet und verurteilt, die meisten von ihnen Studenten. Professor Kurt Huber, Willi Graf, Alexander Schmorell und acht weitere Studenten aus Hamburg folgten den Geschwistern Scholl und Christoph Probst in den Tod. Ein Jahr lang hatte die Widerstandsgruppe der „Weißen Rose" die Nationalsozialisten bekämpft. Nun war sie zerschlagen.

Als Hitler 1933 an die Macht kam, war Hans Scholl 15, seine Schwester 12 Jahre alt. Zusammen mit ihren Eltern und drei weiteren Geschwistern lebten sie in Ulm, in der durch ihren hohen gotischen Dom bekannten Stadt an der Donau.

„Hitler ist Herr über Deutschland", verkündete das Radio, und hundertfach wiederholten alle Zeitungen: „Zu Ende ist die Zeit der Not und der Schande. Es lebe das neue Deutsche Reich! Es lebe der Führer!" Treue zum Führer, Treue zum deutschen Volk und Vaterland, Heimatliebe, waren dies nicht Ideale, die junge Menschen begeistern konnten? Noch etwas begeisterte die Geschwister Scholl: die langen Kolonnen uniformierter Jungen und Mädchen der Hitler-Jugend, die in ihren braunen Hemden mit Trommeln und Fahnen singend durch die Straßen zogen:

Wir wollen weiter marschieren, wenn alles in Scherben fällt,
denn heute gehört uns Deutschland und morgen die ganze Welt.

Bald aber hatten die Geschwister Erlebnisse, die ihre Begeisterung abkühlten. Ein HJ-Führer hatte Hans Scholl ein Buch seines Lieblingsdichters Stefan Zweig aus der Hand genommen und seine Lektüre verboten. Warum war es verboten, Bücher von Stefan Zweig, Thomas Mann, Heinrich Heine, Bert Brecht und Erich Kästner zu lesen? Warum hatte die Hitler-Jugend diese Bücher verbrannt?

Hans Scholl gehörte nicht nur der Hitler-Jugend an, sondern auch einer anderen Jugendorganisation, die sich für die Kultur fremder Völker interessierte. Eines Morgens im November 1937 erschien die Gestapo und verhaftete die fünf Geschwister Scholl. Ihr „Verbrechen" war die Teilnahme an einem verbotenen Jugendbund außerhalb der HJ.

Ein Jahr später begann in Deutschland die Massenverfolgung der Juden. In der Nacht vom 9. auf den 10. November 1938 brannten in allen deutschen Städten die Synagogen. Die Geschwister Scholl beobachteten, wie auch in Ulm die Synagoge in Flammen aufging. Nun gab es für sie keinen Zweifel mehr: Hitlers Deutschland war ein Staat der Gewalt und Unterdrückung.

Am 9. Mai 1942 fuhr Sophie Scholl nach München, um an der Universität ihr Studium zu beginnen. Dieser Tag war ihr 21. Geburtstag. Sie ahnte nicht, daß es ihr letzter Geburtstag sein würde. Ihr Bruder Hans war bereits in München. Er stellte seine Schwester seinen Freunden vor, Medizinstudenten wie er selbst: Christoph Probst, Alexander Schmorell und Willi Graf.

Eines Tages Anfang Juni fanden viele Münchener in ihrem Briefkasten einen Umschlag. Sein Inhalt war ein maschinengeschriebener, vervielfältigter Text mit der Überschrift „Die Flugblätter der Weißen Rose“. Er begann mit folgenden Worten:

Nichts ist eines Kulturvolkes unwürdiger, als sich ohne Widerstand von einer verantwortungslosen [...] Herrscherclique regieren zu lassen. Ist es nicht so, daß sich jeder ehrliche Deutsche heute seiner Regierung schämt?

Wer hatte das geschrieben? Wer war die „Weiße Rose“? Als das Flugblatt in München auftauchte, war es eine Sensation, denn in Deutschland wagte kaum jemand mehr, die Verbrechen der Nationalsozialisten beim Namen zu nennen.

Einige Monate vergingen. Hans Scholl und seine Freunde waren als Soldaten nach Rußland geschickt worden, und Sophie war nach Ulm zurückgekehrt, weil ihr Vater verhaftet worden war. Doch im Wintersemester 1942 war die Gruppe wieder in München. Sie fand Freunde in anderen Universitätsstädten. Kurt Huber, Professor der Philosophie an der Universität München, schloß sich ihnen an. Und plötzlich tauchten in vielen Städten abermals Flugblätter auf:

Freiheit der Rede, Freiheit des Bekenntnisses, Schutz des einzelnen Bürgers vor der Willkür verbrecherischer Gewaltstaaten, das sind die Grundlagen des neuen Europa.

Dann folgte die Aufforderung: „Unterstützt die Widerstandsbewegung, verbreitet die Flugblätter!“

Am Morgen des 18. Februar 1943, als die meisten Münchener Studenten in den Vorlesungen waren, gingen ein Mann und ein Mädchen durch die Flure der Universität und legten ein neues Flugblatt aus:

Der deutsche Name bleibt für immer geschändet, wenn nicht die deutsche Jugend endlich aufsteht [...] und ein neues geistiges Europa aufrichtet ...

Abb. 14: 1944 – In Mannheim wird eine Familie aus dem Keller eines durch Bomben zerstörten Hauses gerettet.

Gegen das unendliche Leid, das der zweite Weltkrieg über unzählige Menschen brachte, protestierten viele mutige Menschen, auch in Deutschland. Viele bezahlten dafür mit langer Gefangenschaft oder mit ihrem Leben – wie die Gruppe um die Geschwister Scholl in München, und wie Lew Kopelew während des Vormarsches auf das untergehende deutsche Reich.

Den Rest der Blätter warfen sie vom obersten Flur in den großen Lichthof. Ein Hausdiener bemerkte sie, eilte herbei und packte sie mit dem Ausruf: „Sie sind verhaftet!" Die beiden waren Hans und Sophie Scholl.

Am 23. Februar 1943 standen die Geschwister Scholl und Christoph Probst vor dem Volksgerichtshof. Mutig nahmen sie ihr Todesurteil an. Am gleichen Tag wurden sie durch das Beil hingerichtet.

29. LEW KOPELEW
Aufbewahren für alle Zeit

Im Januar 1945 brach die Rote Armee in Ostpreußen ein. Mehr als fünf Jahre schon dauerte der Krieg; jetzt ging er dem Ende zu. Unter den Rotarmisten, die als erste deutschen Boden betreten hatten, war Major Lew Kopelew. Er stammte aus Kiew, sein Vater war Jude. Vor dem Krieg hatte Kopelew in Charkow, dann in Moskau Germanistik, Philosophie, Literatur und Geschichte studiert. Als überzeugter Kommunist und sowjetischer Patriot war er bei Kriegsbeginn als Freiwilliger in die Rote Armee eingetreten. Wegen seiner ausgezeichneten Deutschkenntnisse hatte er nun die Aufgabe, an vorderster Front durch Flugblätter und Lautsprecher die deutschen Soldaten aufzurufen, den sinnlosen Kampf einzustellen. Sein General schlug ihn für eine hohe Auszeichnung vor, denn Kopelews Einsatz hatte Erfolg.

Am 5. April 1945, einen Monat vor Kriegsende, als er verwundet in einem Lazarett in Ostpreußen lag, erhielt er statt der erwarteten Auszeichnung die Nachricht von seiner Verhaftung. Kopelew erinnerte sich, was einige Wochen vorher geschehen war. Er war mit seinem vorgesetzten Offizier durch ostpreußische Dörfer gefahren. Die deutsche Bevölkerung war geflohen; die Rotarmisten hatten die Häuser geplündert und in Brand gesteckt. Er erinnerte sich auch an die Worte seines Vorgesetzten: „Die Deutschen haben die ganze Welt ausgeraubt. Nur deshalb haben sie so viel. Bei uns haben sie alles zerstört, jetzt geht es umgekehrt. Mitleid haben sie nicht verdient." Kopelew erwiderte, solche sinnlosen Zerstörungen würden nicht nur den Deutschen schaden, sondern auch den Russen, vor allem der kommunistischen Idee.

Am Abend trafen sie eine alte, verängstigte Frau, die erste lebende Deutsche seit ihrem Einmarsch in Ostpreußen. Kopelew sprach sie an. „Ich suche meine Tochter", antwortete die Alte, „meine Tochter mit den Kindern. Ich habe die Lebensmittelkarten. Sie haben Hunger." Der Vorgesetzte verlor die Geduld. Er sprang vom Wagen und zog seine Pistole: „Die ist Spionin. Erschießen! Los! Verdammt noch mal!" Kopelew packte ihn an der Hand: „Mensch, bist du des Teufels, bist du völlig verrückt?" Ein junger Rotarmist gehorchte dem Vorgesetzten sofort. Er richtete seine Maschinenpistole auf die Alte. Kopelew brüllte ihn an: „Was machst du da, du Schweinehund!" Der Soldat schoß. Die alte Frau stürzte in den Schnee. Sie war sofort tot.

Waren die Rache und der Haß der Rotarmisten nicht verständlich? Wenige Monate vorher hatten deutsche Soldaten russische Dörfer ausgeraubt und niedergebrannt und Unschuldige getötet. Doch von der Roten Armee forderte Kopelew ein anderes Verhalten. Nicht fortsetzen sollten sie Rache und Haß, sondern die Welt von Rache und Haß befreien. Waren nicht alle Arbeiter „Brüder"? Warteten nicht auch die deutschen auf ihre Befreiung? Waren Karl Marx und Friedrich Engels nicht Deutsche? Furchtlos stellte Kopelew diese Fragen den Offizieren der Roten Armee.

Am Morgen des 5. April 1945 also wurde Kopelew verhaftet und ins Feldgefängnis gebracht. Wenige Tage später stand er vor dem Untersuchungsrichter. Das Verhör begann: „Ich habe Sie zu informieren, daß Sie beschuldigt werden, [...] den bürgerlichen Humanismus propagiert und Mitleid mit dem Feind gehabt zu haben; daß Sie [...] sich um die Rettung Deutscher bemühten, [...] gegen Rache und Haß agitierten – gegen den heiligen Haß auf den Feind!" Schließlich lautete das Urteil: 10 Jahre Straflager. Seine Gerichtsakte trug den Stempel: „Aufbewahren für alle Zeit". So sollte verhindert werden, daß man die Verbrechen der „Staatsfeinde" je vergißt.

Noch war Kopelew überzeugter Kommunist – trotz dieses Urteils. Was bedeutete schon das Schicksal einzelner gegenüber der großen Idee des Kommunismus?

Ich glaubte nach wie vor, weil ich glauben wollte. [...] Die fanatischen Anhänger der edelsten Ideale verheißen den Nachkommen das ewige Glück, vernichten aber gnadenlos ihre Mitmenschen [...] überzeugt, daß sie Böses nur um des künftigen Guten willen tun, daß sie lügen im Interesse ewiger Wahrheiten. [...] Ebenso dachten und handelten wir alle – fanatische Anhänger der alleinseligmachenden Lehre des Kommunismus.

Eineinhalb Jahre nach Stalins Tod (1953) endete Kopelews Leidensweg in den Straflagern, in denen er fast zehn Jahre verbracht hatte. Doch als er 1966 bedrohte Schriftsteller wie Solschenizyn verteidigte, wurde er ein zweites Mal aus der kommunistischen Partei ausgeschlossen. 1975 erschien in den USA sein Buch: „Aufbewahren für alle Zeit", in dem er seine Erlebnisse als Soldat, als Angeklagter und Gefangener beschreibt. Sein Eintreten für den Physiker und späteren Nobelpreisträger Andrej Sacharow hatte neue Strafen zur Folge: 1977 mußte er den sowjetischen Schriftstellerverband verlassen. Überraschend erhielt Kopelew, eingeladen und unterstützt von Heinrich Böll, 1980 die Erlaubnis zu einer Reise in die Bundesrepublik. Aber eine Rückkehr in die UdSSR wurde ihm verboten. Kopelew war ausgebürgert.

Seitdem lebt der Schriftsteller und Gelehrte, der Bücher über Schiller und Goethe, Heinrich Heine, Bert Brecht und Heinrich Böll geschrieben und viele Werke übersetzt hat, als deutscher Staatsbürger in der Bundesrepublik. 1990 erhielt hier der 77jährige die Nachricht von seiner Rehabilitierung durch Michail Gorbatschow.

Seine Erfahrungen haben Kopelews Glauben an den Kommunismus zerstört, nicht aber seinen Glauben an die Menschlichkeit.

Es gibt weder einen besonders guten sozialistischen noch einen schlechteren bürgerlichen Humanismus, schrieb er schon 1960. *Es kann nur ein wahrer Humanismus angestrebt und verwirklicht werden.*

30. HEINRICH BÖLL
Wie Gewalt entstehen und wohin sie führen kann

1972 erhielt Heinrich Böll den Nobelpreis für Literatur. Seine Erzählungen und Romane wie „Haus ohne Hüter" (1954), „Das Brot der frühen Jahre" (1955), „Billard um halbzehn" (1959), „Ansichten eines Clowns" (1963) und „Gruppenbild mit Dame" (1971) waren Bestseller nicht nur in der Bundesrepublik. Böll war der berühmteste deutsche Schriftsteller der Nachkriegszeit.

Im gleichen Jahr 1972, als Bölls Ruhm seinen Höhepunkt erreichte, erlebte er auch den Höhepunkt von Anfeindung und Kritik. Gewiß, umstritten war Böll immer. Nun aber begann ein „Medienkrieg", wie ihn noch kein deutscher Schriftsteller erlebt hatte. Denn dieser berühmte Autor – so lautete die Beschuldigung – sei ein Sympathisant von Terroristen und Linksfaschisten, nicht besser als „die geistigen Schrittmacher der Nazis". Was war geschehen?

1968 war das Jahr der Studentenrevolten. Aufgewachsen in der Nachkriegszeit, rebellierten junge Menschen gegen die Gesellschaft ihrer Eltern, gegen eine Gesellschaft, die ihre Schuld vergessen wollte, deren Werte Leistung und Wohlstand waren, deren Stolz das Wirtschaftswunder war und deren Grundlage der Kapitalismus. Radikale Gruppen griffen zur Gewalt. Die Anführer einer dieser Gruppen waren Andreas Baader und Ulrike Meinhof. Offen erklärten sie ihr Ziel: die Vernichtung der verhaßten kapitalistischen Gesellschaft in einem „Volkskrieg".

Kurz vor Weihnachten 1971 wurde bei einem Bankraub in Kaiserslautern ein Polizist ermordet. Der Verdacht fiel auf die Baader-Meinhof-Gruppe. Am folgenden Tag brachte das Sensationsblatt BILD auf seiner Titelseite die Schlagzeile: „Baader-Meinhof-Bande mordet weiter".

Die Öffentlichkeit war über die Terroristen empört. Empört war auch Böll, aber nicht über Baader und Meinhof, sondern über die Bildzeitung. Am 10. Januar 1972 erschien von ihm ein wütender Artikel im „Spiegel": „Will Ulrike Gnade oder freies Geleit?" Nun richtete sich die Empörung gegen Heinrich Böll. Wollte er etwa Terroristen in Schutz nehmen, ihnen

„freies Geleit" geben? Doch Böll hatte diesen Artikel aus einem anderen Grund geschrieben.

Als BILD die Schlagzeile von der mordenden Baader-Meinhof-Bande viermillionenfach in der ganzen Bundesrepublik verbreitete, wußte außer den Tätern niemand, wer gemordet hatte, auch BILD nicht. Was gilt für die Sensationspresse die Wahrheit? so fragt Böll. Was gilt für sie der Ruf eines Menschen?

Zwei Jahre später stellte Böll diese Fragen abermals: 1974 erschien seine Erzählung „Die verlorene Ehre der Katharina Blum". In wenigen Wochen war dieses Buch der Bestseller in der Bundesrepublik. Es war nicht nur Bölls Sprache, die die Leser fesselte, sein Spott, seine Ironie und seine treffende Nachahmung der Art, wie die Leute auf der Straße sprechen. Es war vor allem sein Kampf gegen ein Unrecht, der die Menschen bewegte, ein Unrecht, das noch niemand so deutlich beim Namen genannt hatte wie er.

Der Untertitel der Erzählung lautet: „Wie Gewalt entstehen und wohin sie führen kann". Gewalt ist also ihr Thema: Eine junge Frau ermordet einen Reporter der ZEITUNG. Was hat sie dazu geführt? Die Hausangestellte Katharina Blum besucht eine Tanzveranstaltung. Dort befreundet sie sich mit einem jungen Mann. Abends geht sie mit ihm in ihre Wohnung zurück. Sie weiß nicht, daß sie und ihr Freund von der Polizei beobachtet werden, denn der Mann steht im Verdacht, ein Verbrecher zu sein.

Am nächsten Morgen dringen plötzlich Polizisten in ihre Wohnung ein. Katharina Blum wird verhaftet, abgeführt und verhört. Ihr Freund konnte rechtzeitig fliehen. Am folgenden Morgen erscheint auf der Titelseite der ZEITUNG ein riesiges Foto von Katharina Blum und in riesigen Lettern die Schagzeile: „RÄUBERLIEBCHEN KATHARINA BLUM"

Katharina Blum erhält beleidigende Anrufe und Briefe. Man beschimpft sie als Hure und Kommunistin. Nachbarn gehen ihr aus dem Weg. Ihre kranke Mutter stirbt vor Schmerz und Aufregung. Ihr guter Ruf ist vernichtet. Vernichtet ist auch der Ruf ihrer Freunde, denn auch sie gelten nun als „Linke" und „Rote". Am nächsten Tag ist Katharina Blum wieder in der ZEITUNG: „MÖRDERBRAUT [...] POLIZEI IN GROSSALARM". Schließlich verlangt der Reporter der ZEITUNG von Katharina Blum ein Interview. Als er ihre Wohnung betritt, schießt sie ihn nieder. Gewalt entstand aus Schlagzeilen und führte zu Unglück und Mord. Wie aber entstehen die Schlagzeilen?

Die ZEITUNG weiß, was die Leute lesen wollen und was Gewinn verspricht: Nachrichten, die Empörung erregen, Sensationsbilder und Sensationsberichte. Sie weiß auch, was die Leser besonders interessiert: die Frage, wer der Schuldige ist. Welch ein Erfolg für die ZEITUNG, wenn sein Bild und sein Name auf der Titelseite erscheinen. Nun richtet sich die Empörung gegen ihn, den „Terroristen", den „Linksfaschisten", gegen sie, das „Räuberliebchen" und die „Mörderbraut". Nun wird die ZEITUNG millionenfach gekauft und gelesen, und Erfolg und Gewinn sind garantiert.

Es gibt also nicht nur Gewalt auf den Straßen, schreibt Böll und fährt fort: *Übt eine BILD-Schlagzeile keine Gewalt aus?*

Seine Erzählung „Die verlorene Ehre der Katharina Blum" gibt die Antwort. Um Erfolg und Gewinn willen wird Gewalt ausgeübt, die Gewalt der Schlagzeilen gegen Menschen und gegen die Wahrheit.

Abb. 15: Sitzblockade im September 1983 vor dem US-Waffenstützpunkt in Mutlangen mit Heinrich Böll (links, mit Baskenmütze) und den Bundestagsabgeordneten der Grünen Gert Bastian (vor Böll) und Petra Kelly (rechts, mit Fotoapparat)

31. FRIEDENSREICH HUNDERTWASSER

Natur, Kunst und Schöpfung sind eine Einheit

1980 erhielt der Maler Friedensreich Hundertwasser ein ungewöhnliches Angebot. Vertreter der Stadt Wien wandten sich an ihn mit der Bitte, ein großes städtisches Wohnhaus zu planen und zu bauen.

Hundertwasser ist kein Architekt. 1928 als Friedrich Stowasser in Wien geboren, als Halbjude während der Hitlerzeit knapp der Verhaftung und Ermordung entgangen, wurde er in den Jahrzehnten nach dem Krieg zum wohl bekanntesten und erfolgreichsten, aber auch zum umstrittensten österreichischen Künstler.

Seine Bilder scheinen wie im Traum gemalt. Die Bänder aus tiefroten, grünen, orangen und schwarzen Streifen, die spiralförmig ein dunkles Zentrum umkreisen, scheinen Wege darzustellen, „Lebenswege" vielleicht, die sich einem dunklen Ziel nähern.

Ist der Traum vorüber, so schreibt Hundertwasser, *kann ich mich nicht mehr erinnern, was ich geträumt habe. Aber das Bild bleibt. Das Bild ist die Ernte des Traums.*

Sicher sind diese Bilder faszinierend, und sicher faszinierten sie auch die Wiener Stadtväter. Doch wie sollte dieser Träumer ein Haus bauen?

Der Architekt, der Hundertwasser unterstützen sollte, brach nach kurzer Zeit die Zusammenarbeit mit dem Künstler ab. Zu phantastisch, ja absurd erschienen Hundertwassers Vorstellungen von einem Haus. Ein zweiter Architekt, der zur Mitarbeit bereit gewesen wäre, fand sich zunächst nicht. Zu gut war bekannt, was der Maler über moderne Architektur und moderne Architekten dachte:

Zwei Generationen von Architekten mit Bauhausmentalität haben unsere Wohnwelt zerstört. Seit es Stadtplaner gibt, sind unsere Städte häßlich geworden.

Das Bauhaus sei der Fluch der modernen Architektur, so sagt Hundertwasser, es habe die Traumwelt und Phantasie, die Romantik zerstört. Seine geraden Linien seien „lebensfeindlich" und „gottlos", seine Architektur „gefühllos" und „herzlos", „aggressiv" und „kalt".

Wenn diese intellektuelle, natur- und menschenfeindliche Mafia [...] Menschen zwingt, [...] in seelenlos gebauten Häusern zu wohnen, so ist das ein permanentes Verbrechen.

Dies ist ein vernichtendes Urteil über die moderne Architektur und ihre Auftraggeber. Daß Hundertwassers Haus dennoch gebaut wurde, ist erstaunlich. Doch die Stadt unterstützte Hundertwasser trotz aller Kritik. Sie stellte einen städtischen Architekten frei, der zusammen mit dem Künstler das Gebäude plante und 1984 vollendete. Dieses „Hundertwasserhaus" in der Löwengasse in Wien ist bis heute das bekannteste Beispiel postmoderner Baukunst.

Das Haus ist gewissermaßen ein „vertikal angelegtes Dorf". Alle Einrichtungen einer großen Wohngemeinschaft, Café, Buchhandlung, Wäscherei, Spielräume und Gärten befinden sich im oder auf dem Gebäude. Keine Wohnung gleicht der anderen. Jede ist außen durch eine besondere Farbfläche gekennzeichnet, die von dunklen Streifen umrandet ist. Soweit die Kinder mit ihren Armen reichen können, dürfen sie die Außenwände bunt bemalen. Dreizehn verschiedene Arten von Fenstern in verschiedenen Höhen erlauben zusammen mit den Farbflächen eine rhythmische Gliederung der Fassaden durch Farbe und Form. Das stufenförmig angeordnete Dach ist mit Bäumen, Büschen, Blumen und Gras bepflanzt. Zwei turmartige Bauteile tragen Kuppeln und erinnern an süddeutsche und österreichische barocke Kirchen.

„Das Haus ist wie ein Traum", schreibt Hundertwasser.

Bis heute waren Häuser das genaue Gegenteil von Träumen, [...] diktatorisch, unterdrückend. [...] Die Bauhausarchitektur demonstrierte Macht, die Macht der Maschine. [...] Vor meinem Haus stehen die Leute mit offenem Mund und können nicht glauben, daß ein Traum wahr geworden ist.

Das Hundertwasserhaus erregte großes Interesse. Nicht nur die Stadtväter Wiens, sondern auch die Vertreter anderer Gemeinden baten nun den Maler, weitere öffentliche Gebäude zu gestalten. 1988 restaurierte er die Kirche St. Barbara in Bärnbach in der Steiermark. Eine kahle Dorfkirche verwandelte er in ein farbenfrohes Gotteshaus, geschmückt mit den Symbolen der vier Weltreligionen als Zeichen des Friedens und der Toleranz.

Im gleichen Jahr legte Hundertwasser den Grundstein für ein Kinderhaus in Frankfurt. Dieses bogenförmige Gebäude scheint aus dem Boden zu wachsen. Das Dach steigt stufenlos vom Boden aus an und ist begehbar. Als breites, geschwungenes Band liegt es auf dem Gebäude. Wie das Dach des Hauses in Wien ist es mit Erde bedeckt, mit Bäumen und Büschen bepflanzt, und dient den Kindern als Spielplatz, Garten und Park:

Der Mensch muß auf den Dächern der Natur zurückgeben, was er ihr […] unten beim Hausbau genommen hat.

Wie in allen seinen Bauwerken versucht Hundertwasser auch hier seine Idee zu verwirklichen, die Idee einer phantasievollen und farbenfrohen, aber auch menschenfreundlichen und naturnahen Architektur:

Natur, Kunst und Schöpfung sind eine Einheit.

Abb. 16: Friedensreich Hundertwasser auf dem Dach des von ihm entworfenen Kinderhauses in Frankfurt am Main. (Seine Abneigung gegen Uniformität und gedankenlos angewandte Symmetrie äußert sich auch darin, daß er zwei verschiedene Socken trägt.)

32. JÜRGEN FUCHS UND WOLF BIERMANN
Zeigen Sie uns Ihre Gedichte

Am 12.03.1975 wurde Jürgen Fuchs, damals Student an der Friedrich-Schiller-Universität Jena, von der SED-Leitung der Hochschule angeklagt: „Wir wurden [...] in Kenntnis gesetzt, daß in B. eine Veranstaltung durchgeführt wurde, an der du teilgenommen hast. Wir betrachten diese Veranstaltung als einen ernsten [...] politischen Vorfall. [...] Der Partei und der Universität wurde schwerer Schaden zugefügt."

Jürgen Fuchs war, wie sein Freund Wolf Biermann ihn bezeichnete, „ein unvermischtes DDR-Produkt". Seine Eltern waren Arbeiter, er selbst Mitglied der SED und überzeugter Sozialist. Den Westen kannte er nicht. Seine Leistungen als Student waren außergewöhnlich, seine Diplomarbeit ausgezeichnet. Nun war er angeklagt, „der Partei und der Universität" schwer geschadet zu haben. Was war geschehen?

In einem nahegelegenen Ort hatte eine kulturelle Veranstaltung stattgefunden. Junge Sänger, Liedermacher und Schriftsteller hatten Lieder gesungen und Gedichte und Prosatexte vorgetragen. Unter ihnen war Jürgen Fuchs. Auch er hatte einige seiner Texte vorgelesen. Einer davon trug den Titel „Das Interesse". Er handelte von einem Interesse besonderer Art:

> *Wir sind wachsam, zeigen Sie uns Ihre Gedichte, bevor sie gedruckt werden, bevor sie gelesen werden, bevor sie gehört werden, [...] Zeigen Sie uns Ihre Gedanken, Ihre Gefühle interessieren uns sehr ...*

Die Offiziere der Staatssicherheit, die die Veranstaltung überwachten, verstanden sehr gut, von wem Fuchs sprach. Sie selbst waren gemeint. Sie waren es, die sich die Gedichte der Liedermacher und die Texte der Schriftsteller zeigen ließen und sich für ihre Gedanken und Gefühle sehr interessierten, stets „wachsam", daß freie Gedanken für die Staatsmacht nicht ebenso gefährlich wurden wie im Fühjahr 1968 in Prag.

Am Abend des 12. März setzte der Prorektor der Universität das Verhör fort: „... warum beleidigen Sie uns? Das ist ein Schlag mitten ins Gesicht des Sozialismus." Ein anderer Ankläger schaltete sich ein: „Wo spielt denn das, hier bei uns? Was haben Sie sich eigentlich dabei gedacht, als Sie das geschrieben haben?"

Ich habe dabei auch an Sie gedacht, antwortete Fuchs. *Herr Professor, Sie sagten, diese Prosastücke seien ein Schlag ins Gesicht des Sozialismus, und zeigten dabei auf Ihr Gesicht. Sie sind aber nicht der Sozialismus. [...] Solche menschenfeindlichen Dialoge führt nicht der Sozialismus, sondern führen die Vertreter einer Bürokratie, die der Sozialismus fürchten.*

Am 23. April 1975 wurde Fuchs als „Hetzer" und „Staatsfeind" aus der SED ausgeschlossen. Einen Monat später schrieb er an den Ersten Sekretär der SED Erich Honecker einen Brief:

Ich wende mich hilfesuchend an Dich, weil ich weiß, daß Du ein offenes Ohr für die Probleme der jungen Generation hast. Seit einiger Zeit schreibe ich Gedichte und Prosa. [...] Ich sehe meine Aufgabe als Schriftsteller in der Aufdeckung der Wirklichkeit und der Kritik ihrer schlechten Seiten. Eine solche Kritik [...] kann doch nicht bestraft werden, schon gar nicht in einem sozialistischen Land, in der DDR.

Eine Antwort auf diesen Brief hat Fuchs nie erhalten. Zwei Tage später wurde er jedoch auch vom Studium ausgeschlossen.

Jürgen Fuchs war nicht der einzige, für dessen Gedichte und Gedanken sich die Staatsmacht interessierte. Mißtrauisch überwachte sie Gelehrte wie Professor Robert Havemann, Schriftsteller wie Reiner Kunze, Volker Braun und Günter Kunert, Liedermacher wie Gerulf Pannach und nicht zuletzt Wolf Biermann. Am 13. November 1976 gab Biermann ein Konzert in Köln. Dachte er wirklich nur an das untergegangene Nazi-Deutschland, als er sang:

Der erste Verrat kann aus Schwäche geschehn,
und der zweite Verrat will schon Orden sehn,
und beim dritten Verrat mußt du morden gehn,
selber morden gehn,
und das ist geschehn
...

Am gleichen Abend wurde Biermann mitgeteilt, daß ihm die SED „wegen staatsfeindlicher Hetze" eine Rückkehr in die DDR verboten hatte. Biermann war aus der „Staatsbürgerschaft der DDR entlassen", ausgebürgert, im Exil in seinem eigenen, „in diesem zerrissenen Land."

Sechs Tage später verhaftete die Stasi in Ostberlin Jürgen Fuchs. Die Anklage lautete auch in seinem Fall: „staatsfeindliche Hetze". Die Tage im Gefängnis begannen mit stundenlangen Verhören, mit Drohungen, aber auch mit Versprechungen: Unterschreiben Sie eine Erklärung, daß Biermanns Ausbürgerung richtig war. Dann sind Sie frei. „Der erste Verrat …"? Das war es, was die Staatsmacht nun von ihm verlangte.

Neun Monate verbrachte Fuchs im Gefängnis der Staatssicherheit in Ostberlin. Mit dem 26. August 1977 enden seine Tagebücher. Sie wurden in die Bundesrepublik geschmuggelt, wo sie in den Jahren 1977 und 1978 unter den Titeln „Gedächtnisprotokolle" und „Vernehmungsprotokolle" erschienen. Es sind denkwürdige Zeugnisse eines Schriftstellers, der in der DDR den Mut hatte, die Wahrheit zu sagen.

So lauten die letzten Sätze der Tagebücher:

Ich werde aus der Zelle geführt und aufgefordert, in einem PKW Platz zu nehmen, in dem bereits Pannach und Kuhnert sitzen. Auf dem Weg zum Wagen überreicht mir ein Herr in Zivil ein Blatt Papier, auf dem zu lesen ist: „Die Entlassung aus der Staatsbürgerschaft der DDR" …

Die Fahrt endete in Westberlin. Wie seine Freunde war nun auch Fuchs ausgebürgert, im „Exil" im anderen Teil des zerrissenen Landes.

Abb. 17: Montagsdemonstration am 6. November auf dem „Ring" in Leipzig. An dieser Demonstration drei Tage vor Öffnung der Mauer nahmen ungefähr 300 000 Menschen teil.

33. Kurt Masur
Die friedliche Revolution

Am 6. Oktober 1989 begannen die Feiern zum 40. Jahrestag der DDR. In der Karl-Marx-Allee in Ostberlin zogen die Truppen der Nationalen Volksarmee an Staats- und Parteichef Erich Honecker und seinen hohen Gästen vorbei; 72 Delegationen aus der ganzen Welt waren zum Jubiläum eingeladen worden. Als die Panzer und Raketenwerfer in Sicht kamen, ertönte das alte Kampflied des Sozialismus: „Auf, Brüder, zur Sonne, zur Freiheit!". In großen Lettern stand auf der Titelseite des „Neuen Deutschland": „Es lebe der 40. Jahrestag! Die Entwicklung der DDR wird auch in Zukunft das Werk des ganzen Volkes sein."

In Wirklichkeit war das Volk von der Entwicklung in der DDR tief enttäuscht. Der Weg hatte nicht „zur Sonne, zur Freiheit" geführt. Mauern und Stacheldraht begrenzten das Land; die Menschen in der DDR lebten ärmlicher und arbeiteten härter als die in der Bundesrepublik; sie kannten keine Meinungs- und Pressefreiheit und keine Reisefreiheit. Der allgegenwärtige Staatssicherheitsdienst überwachte jeden ihrer Schritte.

Am 11. September, knapp einen Monat vor der 40-Jahr-Feier, hatte Ungarn die Grenze zu Österreich geöffnet. Seither strömten Zehntausende meist junger Menschen aus der DDR über die Tschechoslowakei, Ungarn und Österreich in die Bundesrepublik. In den Botschaften der Bundesrepublik in Prag und Warschau versammelten sich mehr als 10000 DDR-Bürger und verlangten ihre Ausreise. Die Fluchtwelle verschärfte die Krise; Spannung und Enttäuschung nahmen zu.

Ebenfalls am 11. September 1989 war es abends, nach dem „Friedensgebet" in der Nikolaikirche in Leipzig, zu einer größeren Demonstration gekommen. Die Nikolaikirche war schon lang zu einem Treffpunkt derer geworden, die die DDR verlassen wollten. Die Volkspolizei schlug die Demonstranten nieder; aber am folgenden Montag waren sie wieder da, zahlreicher als zuvor. Am Montag, dem 2. Oktober, waren es bereits zehntausend. Auch am 40. Jahrestag versammelten sich in den Großstädten der DDR viele tausend Menschen auf den Straßen. Abermals schlug die Volkspolizei die Demonstrationen nieder, und wieder füllten sich die Gefängnisse der DDR.

Am folgenden Montag, dem 9. Oktober, herrschte in Leipzig eine Spannung wie nie zuvor. Man rechnete mit dem Schlimmsten. Die Leipziger Volkszeitung hatte die Zuschrift einer „Kampfgruppe" der SED veröffentlicht, in der verlangt wurde, die „konterrevolutionären Aktionen" zu verhindern, „wenn es sein muß, mit der Waffe in der Hand." In der Kirche St. Thomas wurde eine Sanitätsstelle eingerichtet; in den Krankenhäusern stellte man Notbetten auf; Blutkonserven standen bereit. Schon am Mittag glich die Stadt einem Heerlager: 3000 Volkspolizisten mit Helmen, Schildern, Gasmasken, Maschinenpistolen und Wasserwerfern waren aufgeboten; Schützenpanzer mit scharfer Munition standen bereit; Soldaten, Leute vom Staatssicherheitsdienst und „Kampfgruppen" aus den Betrieben warteten auf ihren Einsatz. Es war wie der Countdown für einen Bürgerkrieg.

Um 13.45 erhielt der Sekretär der Leipziger SED-Leitung, Dr. Kurt Meyer, einen Anruf von Professor Kurt Masur. Masur ist ein international bekannter Musiker und Dirigent. Damals war er Direktor des berühmten Leipziger Gewandhausorchesters. Seine Stimme hatte Gewicht. „Lassen Sie uns gemeinsam darüber nachdenken, was man tun kann, um heute abend das Schlimmste zu verhindern", sagte Masur. Er schlug vor, an alle Leipziger einen Aufruf zu erlassen. Es war ihm klar, daß er sich nicht nur an die Demonstranten wenden mußte, sondern auch an die SED, die Volkspolizisten und Soldaten. Deshalb brauchte er Dr. Meyers Unterstützung.

Etwa um 16.00 Uhr schrieb Masur zusammen mit zwei Freunden, Dr. Meyer und zwei weiteren SED-Funktionären den folgenden Aufruf:

Bürger! Unsere gemeinsame Sorge und Verantwortung haben uns heute zusammengeführt. Wir sind von der Entwicklung in unserer Stadt betroffen und suchen nach einer Lösung. Wir alle brauchen freien Meinungsaustausch über die Weiterführung des Sozialismus in unserem Land. Deshalb versprechen die Genannten heute allen Bürgern, ihre ganze Kraft und Autorität dafür einzusetzen, daß dieser Dialog nicht nur im Bezirk Leipzig, sondern auch mit unserer Regierung geführt wird. Wir bitten Sie dringend um Besonnenheit.

Um 17.00 Uhr begannen die Friedensgebete. In aller Eile brachte man den Aufruf in die vier überfüllten Kirchen im Stadtzentrum. Auf den Straßen sammelten sich schon die Demonstranten. Um 18.00 Uhr kam der Aufruf im Leipziger Rundfunk. Aus den Kirchen strömten die Menschen nun auf die Straßen. 70 000 hatten sich inzwischen angesammelt. Langsam setzte sich der Zug in Bewegung. „Wir sind das Volk!" riefen die Sprechchöre. „Keine Gewalt! Demokratie, jetzt oder nie!" Die Bewaffneten zogen sich zurück. Um 19.00 Uhr übertrug der Stadtfunk ein letztes Mal mit Lautsprechern Masurs Stimme auf allen Straßen. Viele Polizisten legten ihre Helme, Schilder und Knüppel ab, und die Leute begannen mit ihnen zu sprechen. So endete die größte Demonstration seit dem 13. Juni 1953 dank der Besonnenheit und Disziplin der Demonstranten, aber auch der Polizisten und Soldaten, ohne Gewalt.

Danach machte die Staatsgewalt keinen Versuch mehr, die Demonstrationen zu unterdrücken. Am 18. Oktober trat Erich Honecker als Staats- und Parteichef zurück. Am 4. November versammelten sich in Leipzig 500 000 und in Ostberlin fast eine Million Menschen und forderten Presse- und Reisefreiheit und ein Ende der Herrschaft der SED. Am 9. November kündigte die SED die Öffnung der Berliner Mauer und der Westgrenze der DDR an. Die friedliche Revolution hatte ihr Ziel erreicht.

34. Rupert Neudeck
Cap Anamur – Hilfe für die Ärmsten

Wir haben uns an die Not in den armen Ländern gewöhnt. Fast gleichgültig nehmen wir zur Kenntnis, daß 400 Millionen Menschen hungern und 23 Millionen auf der Flucht sind. Fast gleichgültig reagierte die Welt, als sich 1978 in Asien eine neue Tragödie anbahnte: Zehntausende von Vietnamesen flüchteten in kleinen, armseligen Booten aus ihrem Land, und Tausende von ihnen ertranken im südchinesischen Meer.

Eine Gruppe von jungen Franzosen war damals unter den ersten, die bereit waren zu helfen. Ihr Leiter war André Glucksmann. Zehn Jahre vorher war er Führer der französischen Studentenbewegung gewesen und hatte für ein kommunistisches Vietnam demonstriert; jetzt, angesichts der Not der Flüchtlinge, spielte für ihn und seine Freunde die Ideologie keine Rolle mehr. Sie gründeten das „Comité: Un Bateau pour le Vietnam" und charterten ein Schiff zur Rettung der „boat people". Es trug den Namen „Ile de Lumière", Insel des Lichts.

Im Februar 1979 traf André Glucksmann in Paris mit dem Journalisten Rupert Neudeck zusammen. Neudeck arbeitete als Reporter für den Deutschlandfunk in Köln. Am Ende des zweiten Weltkriegs war er selbst als kleines Kind ein Bootsflüchtling gewesen und in der Ostsee knapp dem Tod entgangen. Jetzt war er sofort bereit, das Rettungsschiff zu unterstützen. Er wandte sich an Heinrich Böll, weil er glaubte, ein so berühmter Name würde am besten die Idee auch in Deutschland bekanntmachen und die Menschen zu Geldspenden bewegen. Doch der Spendenaufruf hatte nur wenig Erfolg. Neudeck und Böll sahen ein, daß ihre Landsleute nur ein deutsches Projekt großzügig unterstützen würden.

Zusammen mit Böll und zwei Kollegen gründete Neudeck deshalb ein deutsches Komitee „Ein Schiff für Vietnam". Im Juli 1979 stellte er seinen Plan in einer Fernsehsendung vor. Drei Tage später waren 1,2 Millionen DM auf dem Spendenkonto des Komitees. Nun konnte Neudeck selbst ein Schiff chartern. Er gab ihm eine Bezeichnung, die an das französische Schwesterschiff erinnerte: „Port de Lumière". Weltbekannt wurde es aber unter seinem alten Namen „Cap Anamur".

Im August 1979 fuhr die Cap Anamur I in den Golf von Thailand. Im Laufe von drei Jahren rettete sie dort 9507 Menschen aus dem Meer. Im Juni 1982 weigerten sich jedoch die Regierungen der deutschen Bundesländer, weitere vietnamesische Flüchtlinge aufzunehmen. Doch unterstützt von den französischen „Médecins du Monde" retteten die nächsten zwei Schiffe, die Cap Anamur II und III, abermals 1748 boat people.

Noch während die Cap Anamur I im südchinesischen Meer nach Menschen suchte, spielte sich wenige hundert Kilometer entfernt auf dem Land eine weitere Flüchtlingstragödie ab. Zehntausende von Kambodschanern flüchteten vor der Schreckensherrschaft des Pol Pot. Eine Ärztin des Komitees entdeckte im Urwald an der Grenze zu Thailand ein riesiges Lager hungernder und kranker Menschen. Medizinische Hilfe war dringend nötig. Neudeck und sein Team organisierten das erste Hilfsprojekt auf dem Land. Sie gaben sich jetzt den Titel „Deutsches Komitee Not-Ärzte e.V." und wenig später den Namen, unter dem die Organisation heute bekannt ist: „Komitee Cap Anamur, Deutsche Not-Ärzte e.V."

Heute arbeiten die Not-Ärzte, Krankenschwestern und Techniker überall auf der Welt, wo Hilfe dringend nötig ist – ohne Bezahlung und ohne jede Unterstützung durch den Staat. Sie gehörten zu den ersten Helfern, als 1983/84 die große Hungerkatastrophe in Äthiopien begann; 1984 setzten sie ihre Arbeit in Eritrea fort. 1983 organisierten sie ein Krankenhaus im Tschad, und im gleichen Jahr begann ihre Tätigkeit im Sudan, wo zwei Millionen Menschen vor dem Bürgerkrieg auf der Flucht sind. Seit 1981 ist ein Arbeitsschwerpunkt Uganda. Mitten im Krieg begann ihre Tätigkeit in Afghanistan, dann in den Kriegs- und Hungergebieten Somalias und seit dem Ausbruch des Balkankrieges in Kroatien, Bosnien und Albanien. Seit Mai 1994 arbeitet ein Team der Notärzte in Ruanda.

Direkte Hilfe für Menschen, die in Not sind, ist nur ein Teil von Rupert Neudecks Arbeit. Als Reporter und Schriftsteller sieht er seine Aufgabe darin, in den reichen Ländern auf die Not aufmerksam zu machen. Und er zeigt, daß diese reichen Länder versagt haben. Hat nicht ihre Politik versagt, so fragt Neudeck in seinem Buch „Das Versagen des Humanismus" (1992), wenn sie in der dritten Welt korrupte und grausame Herrscher unterstützen? Ihre Industrie, wenn sie ihnen Waffen verkauft? Ihre „Entwicklungshilfe", die in den armen Ländern nicht die Armen, sondern die Reichen reicher macht? Warum haben die christlichen Kirchen nicht mehr getan, und warum nicht der Islam?

Und wir Deutschen? fragt Neudeck weiter. Haben nicht auch viele Deutsche versagt? Haben nicht viele ihre alte Schuld vergessen, gleichgültig gegenüber der Not in der Welt und feindselig gegenüber Armen und Fremden?

Neudecks Leitbild ist Albert Schweitzer, sein Grundsatz Ehrfurcht vor dem Leben. Er erinnert an eine Ansprache Schweitzers, aus dem Jahr 1909. Themen dieser Predigt waren Gleichgültigkeit und Vergessen:

Ihr wißt, daß im Innern von Afrika die Schlafkrankheit herrscht. So gibt es eine Schlafkrankheit der Seele [...] Und wie ihr die geringste Gleichgültigkeit an euch merkt [...] dann müßt ihr über euch erschrecken und euch klar werden, daß das davon kommt, daß eure Seele Schaden gelitten hat.

Edinburgh

IRLAND   Dublin

GROSS-
BRITANNIEN

NIE▮
● Ams
● Utre▮
LANDE

Harwich
London

Brügge
Flandern ● Antwerpen
● Brüssel
BELGIEN

LUX.

Versailles ● Paris   Toul ●
St▮
(

FRANKREICH

Yverdon ●
● Ge▮

PORTUGAL

● Saragossa

Barcelona ●

SPANIEN

Valencia ●

SCHWEDEN

Frauenburg

LETTLAND

DÄNE-
MARK

LITAUEN

Ost-
preußen

Danzig

Lübeck

Hamburg

WEISSRUSSLAND

Branden-

DEUTSCHLAND

Berlin
burg

POLEN

Paderborn

Dessau   Wittenberg

Warschau

Halle
Leipzig

Weimar

Eisenach

Jena

Schlesien

Frankfurt

Prag

Krakau

UKRAINE

Mannheim   Würzburg

Böhmen

Pilsen

TSCHECHISCHE
REPUBLIK

Heidelberg   Franken

Stuttgart

Regensburg

SLOWAKISCHE
REPUBLIK

Ulm   Augsburg

München   Linz   Wien

urg

Salzburg

irich

ÖSTERREICH

Budapest

s

Bärnbach   Graz

Z

UNGARN

SLOWENIEN

RUMÄNIEN

KROATIEN

Padua   Venedig

ITALIEN

BOSNIEN

SERBIEN

Florenz

BULGARIEN

MAZE-
DONIEN

Rom

ALBANIEN

Neapel

Worterklärungen

1. JOHANNES GUTENBERG
Bücher für alle

der Advokat, -en	Rechtsanwalt
das Blei (Singular)	ein Schwermetall (Pb)
die Datenverarbeitung (Singular)	Bearbeitung von Daten mit Hilfe des Computers
erhalten sein	noch da sein, nicht verschwunden sein
der Fürst, -en	ein Angehöriger des hohen Adels, ein Herrscher
gießen, goß, hat gegossen	flüssiges Metall in eine Form fließen lassen
der Guß (Singular)	Gießen von Metall
der Gulden, -	alte Goldmünze
die Kanzlei, -en	Büro
die Legierung, -en	Verbindung von Metallen
die Medien (Plural)	Mittel der Kommunikation, z.B. Fernsehen, Radio, Zeitungen
das Pergament, -e	sehr dünne bearbeitete Tierhaut, die früher zum Schreiben diente
rotieren	sich um sich selbst drehen
der Schriftsatz (Singular)	zum Druck aus beweglichen Lettern zusammengesetzter Text
setzen	hier: Buchstaben für den Druck zu einem Text zusammenfügen
das Siegel, -	Stempel, amtliches Zeichen auf alten Dokumenten
die Spalte, -en	hier: gedruckter Text in Form eines senkrechten Streifens
das Verfahren, -	Methode
das Zink (Singular)	ein Metall (Zn)
der Zylinder, -	Rolle, röhrenförmiger Körper

2. MARTIN LUTHER
Die deutsche Bibel und die deutsche Sprache

die Auflage, -en	alle Exemplare eines Buches, die auf einmal gedruckt worden sind
es ist uns … begegnet	es ist geschehen

der Busen, -	Brust
denselbigen	diesen
dolmetschen	übersetzen
einfältig	unwissend, dumm
das Evangelium (Singular)	„frohe Botschaft", Lehre Christi
gedeihen, gedieh, ist gediehen	wachsen, Frucht bringen
gemein	hier: normal, einfach, gewöhnlich
die Heilige Schrift (Singular)	die Bibel
die Hochsprache (Singular)	über den Mundarten und der Umgangssprache stehende genormte Sprache
die Kanzlei, -en	Büro
das Maul, -¨er	Mund; heute gebraucht man „Maul" nur für Tiere
merken	hier: erkennen
mittelalterlich	die Zeit von etwa 500 bis etwa 1500 der europäischen Geschichte nennen wir das Mittelalter
die Mundart, -en	gesprochene Sprache einer Gegend
der Nachdruck, -e	hier: der zweite oder weitere Druck eines Buches
das neue Testament	der Teil der Bibel, der über das Leben Jesu berichtet
prägen	bestimmen, formen
die Reichsstadt, -¨e	eine fast selbständige Stadt, die nur dem Kaiser unterstand
die Theologie (Singular)	die Wissenschaft von Gott und der Religion
der Zerfall (Singular)	Untergang, Zusammenbruch
zuweilen	manchmal

3. NIKOLAUS KOPERNIKUS
Die Erde – ein Raumschiff

das Altertum (Singular)	die Zeit der alten orientalischen, griechischen und römischen Kultur
die Anspielung, -en	Hinweis
der Astronom, -en	Wissenschaftler, der sich mit der Astronomie befaßt
die Astronomie (Singular)	Wissenschaft von den Himmelskörpern; die Form „Astronomiae" ist ein lateinischer Genitiv
die Autorität (Singular)	durch Macht oder Können erworbenes Ansehen, hier: eine Person, die Autorität hat
der Domherr, -en	katholischer Geistlicher an einem Dom

der Fixstern, -e	Stern, der sich scheinbar nicht bewegt
das Gestirn, -e	Stern
der Kosmos (Singular)	Weltall
die Milchstraße, -en	aus sehr vielen Sternen bestehender heller Streifen am Himmel, Galaxie
die Sphäre, -n	Kugel
der Tempel, -	Gebäude für Götter
die Umwälzung, -en	Revolution
das Universum (Singular)	Weltall, Kosmos

4. JOHANNES KEPLER
Astronomia Nova

angesehen	geachtet, respektiert
die Astrologie (Singular)	Vorhersage der Zukunft durch Sterne
Astronomia Nova (Singular)	neue Astronomie
der Brennpunkt, -e	zentraler Punkt; eine Parabel hat einen, eine Ellipse zwei Brennpunkte
der Calvinist, -en	Anhänger des Reformators Johannes Calvin
dogmatisch	streng und unkritisch eine (kirchliche) Lehrmeinung vertretend
der Dreißigjährige Krieg	europäischer Macht- und Religionskrieg 1618–1648
die Ellipse, -n	kreisähnliche Kurve
der Emigrant, -en	jemand, der sein Land verlassen hat, um der Verfolgung zu entgehen
entmachten	die Macht nehmen
herrühren	kommen von, stammen von
die Konfession, -en	Glaubensrichtung
die Maschinerie, -n	maschinenähnliches System
die Milchstraße, -n	aus sehr vielen Sternen bestehender heller Streifen am Himmel, Galaxie
der Protestant, -en	Anhänger der Reformatoren Luther, Zwingli oder Calvin
die Potenz, -en	Produkt gleicher Faktoren
die Residenz, -en	Sitz, Stadt eines Herrschers
der Satellit, -en	künstlicher Himmelskörper
tolerant	die Meinung anderer duldend und achtend
übereinstimmen	zusammenpassen
überstreichen, überstrich, hat überstrichen	sich über etwas bewegen
umso mehr litt er	deshalb litt er besonders

5. FRIEDRICH SPEE VON LANGENFELD
Einer, der die Wahrheit sagt

der Aberglaube (Singular)	falscher Glaube
barock	Adj. zu „Barock", Zeitalter der europäischen Kultur von etwa 1600–1750
die Bedenken (Plural)	ungutes Gefühl, Vorbehalte
dogmatisch	streng und unkritisch eine (kirchliche) Lehrmeinung vertretend
entflammen, ist entflammt	zu brennen beginnen (Krieg, Streit)
fanatisch	leidenschaftlich und rücksichtslos für etwas kämpfend
foltern	jemandem Schmerzen zufügen, damit er Informationen verrät
glitzen	alte Form für glitzern, leuchten wie ein Stern
der Fürst, -en	Angehöriger des hohen Adels, Herrscher über ein Land
die Hexe, -n	nach altem Glauben eine böse Frau, die mit dem Teufel im Bunde steht
der Hexenwahn (Singular)	Glaube an Hexen, Verfolgung von „Hexen"
der Geistliche, -n	Pfarrer, Priester der katholischen Kirche
der Kerker, -	Gefängnis
die Kluft, -¨e	Schlucht, ganz enges, tiefes Tal
die Konfession, -en	Glaubensrichtung
der Jesuit, -en	katholischer Mönch des Ordens der Jesuiten
das Jesuitenkolleg, -ien	Hochschule der Jesuiten
der Jesuitenorden (Singular)	Gemeinschaft der Jesuiten
der Jurist, -en	Rechtsgelehrter
der Mitbruder, -¨	Mönch, der dem gleichen Orden angehört
der Pater, - oder Patres	katholischer Geistlicher
pestartig	ähnlich wie die Krankheit Pest
die Provinz, -en	Gebiet als Verwaltungseinheit
die Seuche, -n	gefährliche ansteckende Krankheit, die sich rasch verbreitet
die Studierstube, -n	Studierzimmer
der Theologe, -n	jemand, der Theologie (die Wissenschaft von Gott und der Religion) studiert hat
die Verleumdung, -en	absichtlich falsche Behauptungen über jemanden
der Weihbischof, -¨e	Stellvertreter eines Bischofs
der Zauberer, -	jemand, der übernatürliche Kräfte hat

Wörtliche Übertragung der ersten Strophe des Gedichts:
Der schöne Mond will untergehen,
vor Leid will er nicht mehr scheinen:
Die Sterne hören auf zu glitzern (lassen ihr Glitzern stehen),
mit mir wollen sie weinen.

6. ANDREAS SCHLÜTER
Bildhauer und Architekt des preußischen Barock

absolut — hier: allein herrschend

das Ansehen (Singular) — Hochachtung, Respekt

das Barock (Singular) — Zeitalter der europäischen Kultur von etwa 1600 bis 1750. Die Kunst des Barock ist bestimmt durch Reichtum von Formen und Verzierungen

das Bauvorhaben, - — Bauprojekt, geplanter Bau

der Bildhauer, - — Künstler, der Bildnisse aus Stein und Metall formt

die Bronze (Singular) — Metallmischung aus Kupfer (Cu) und Zinn (Sn)

die Bürokratie (Singular) — Gesamtheit der Beamten und Angestellten eines Staates

der Dreißigjährige Krieg — großer europäischer Macht- und Religionskrieg(1618–1648)

die Epoche, -n — größerer Zeitabschnitt

das Fundament, -e — Grundlage

ergreifend — die Seele bewegend

der Kurfürst, -en — einer der Fürsten, die den Kaiser wählten

die Mark (Singular) — Grenzland

das Preußentum (Singular) — preußische Herrschaftsform und preußischer Charakter; Fleiß, Pünktlichkeit, einfaches Leben und Pflichterfüllung, aber auch unkritischer Gehorsam und Hochschätzung des Staates, seiner Beamten und seiner Armee zählt man zum „preußischen Charakter"

reaktionär — fortschrittsfeindlich

die Residenz, -en — Sitz oder Stadt eines Herrschers

der Schlußstein, -e — Stein, der ein Fenster oben abschließt

das Staatsbewußtsein (Singular) — Stolz, der Bürger eines bestimmten Staates zu sein

treffend — genau richtig, passend

der Untertan, -en — jemand, der von einem absolut regierenden Herrscher abhängig ist

7. GEORG FRIEDRICH HÄNDEL
Der Messias

die Antike (Singular)	Zeitalter und Kultur der alten Völker im Mittelmeerraum, besonders der Griechen und Römer
die Arie, -n	Lied in einer Oper oder einem Oratorium
die Auferstehung (Singular)	nach christlichem Glauben ist Christus auferstanden, wieder lebendig geworden
bankrott	unfähig, seine Schulden zu zahlen
das Barock (Singular)	Zeitalter der europäischen Kultur von etwa 1600 bis 1750. Die Kunst des Barock ist bestimmt durch Reichtum von Formen und Verzierungen
entzücken	sehr erfreuen, sehr gefallen
Heros, Heroen	Held aus der Antike, Halbgott
der Karfreitag, -e	Freitag vor Ostern
der Messias (Singular)	Jesus Christus als der erwartete Erlöser von Schuld und Leid
das Oratorium, Oratorien	großes Musikwerk für Chor, Einzelstimmen und Orchester mit biblischem Inhalt
die Parodie, -n	witzige, komische oder heitere Umbildung eines ernsten Werkes der Literatur, Musik oder Bildkunst
die Residenz, -en	Sitz oder Stadt eines Herrschers
die Schicht, -en	Adelige, Bürger, Arbeiter, Bauern sind Schichten der Bevölkerung
das Schuldgefängnis, -se	Gefängnis für Personen, die ihre Schulden nicht bezahlen konnten
das Testament, -e	schriftliche Erklärung des letzten Willens einer Person
der Virtuose, -n	Musiker, der seine Kunst technisch sehr gut beherrscht
der Vizekönig, -e	der Stellvertreter des Königs

8. GOTTHOLD EPHRAIM LESSING
Wahrheit und Menschlichkeit

aufdringen	aufdrängen, jemanden mit Nachdruck dazu bewegen, etwas anzunehmen
der Aufklärer, -	jemand, der für die Gedanken der Aufklärung eintritt

die Aufklärung (Singular)	geistige Bewegung des 18. Jahrhunderts, die für Vernunft und Menschenrechte eintritt und alte religiöse Vorstellungen kritisiert
auserlesen	ausgewählt
auserwählt	hier: von Gott ausgewählt
der Fanatismus (Singular)	leidenschaftlicher und rücksichtsloser Einsatz für einen Glauben oder eine Idee
die Gestalt, -en	hier: Form, Art
das Heilige Land	Land der heilige Stätten (z.B. Jerusalem) der jüdischen und christlichen Religion
die Humanität (Singular)	Menschlichkeit, Menschenliebe
gnügt	genügt
das Fragment, -e	unvollendetes Werk, Bruchstück eines Werks
die Kanzel, -n	erhöhter Platz in der Kirche, von dem aus der Geistliche zu den Gläubigen spricht
der Kreuzfahrer, -	im Mittelalter ein Ritter oder Soldat, der in das Heilige Land gezogen ist, um die heiligen Stätten der Christenheit (Jerusalem, Bethlehem), die unter moslemische Herrschaft gekommen waren, zurückzugewinnen
der Pastor, -en	protestantischer Geistlicher
die Raserei (Singular)	wildes, sinnloses Treiben, Wahnsinn
der Sultan, -e	Titel eines moslemischen Herrschers

9. FRIEDRICH SCHILLER
Mein Geist dürstet nach Taten, mein Atem nach Freiheit

absolutistisch	so nennt man das Zeitalter der europäischen Geschichte (17. und 18. Jahrhundert), in dem Könige und Fürsten absolut, d.h. allein herrschten
die Auflehnung (Singular)	Rebellion, Widerstand
bannen	die Aufmerksamkeit fesseln, faszinieren
das Chaos (Singular)	Auflösung jeder Ordnung
das Erz, -e	Metall; hier: Symbol für etwas sehr Hartes
der Freiheitsdrang (Singular)	Streben nach Freiheit
der Hauptmann, Hauptleute	Offizier, auch Führer einer Räuberbande
hervorbrechen, brach hervor, ist hervorgebrochen	plötzlich sich zeigen, plötzlich aus etwas herauskommen
der Herzog, -̈e	Herrscher, Fürst im Rang unter einem König
kommunizieren	hier: Nachrichten austauschen, in Verbindung stehen

der Kriegszug, -¨e	größeres kriegerisches Unternehmen
die Krokodilsbrut (Singular)	Junge eines Krokodils; hier: Menschen, die liebevoll zu sein scheinen und „weinen", in Wirklichkeit aber hart und böse sind
kümmerlich	ärmlich, klein, unbedeutend
die Ohnmacht (Singular)	Bewußtlosigkeit
die Otter, -n	Schlange
die Otternbrut (Singular)	Schlangenjunge; hier: die böse Menschheit
der Prediger, -	evangelischer Pfarrer
das Regiment, -er	größere Truppeneinheit, Teil eines Heeres
die Szene, -n	kurzer, abgeschlossener Teil eines Theaterstücks
schluchzen	in Stößen laut weinen
die Tragödie, -n	Trauerspiel
nicht umsonst	nicht ohne Grund
der Untertan, -en	jemand, der von einem absolut regierenden Herrscher abhängig ist
verstoßen, verstieß, hat verstoßen	ein Kind zwingen, das Haus und die Familie zu verlassen
zugrund richten	zerstören

10. Johann Wolfgang von Goethe
Wer immer strebend sich bemüht, den können wir erlösen.

der Astrologe, -n	jemand, der durch die Sterne menschliche Schicksale voraussagen möchte
die Elementa speculieren	die Grundgesetze der Natur zu erkennen versuchen
in Fesseln schlagen	fesseln, Hände und Füße festbinden
gotisch	Das späte Mittelalter ist die Zeit der Gotik (in Deutschland etwa von 1250–1500). Die gotische Architektur ist gekennzeichnet durch hohe Gewölbe mit Spitzbogen.
die Juristerei (Singular)	altes Wort für Rechtswissenschaft
die Magie (Singular)	Zauberkunst
der Magier, -	jemand, der zaubern kann, der übernatürliche Kräfte hat
das Mittelalter (Singular)	in der europäischen Geschichte die Zeit von etwa 500 bis 1500
der Theologe, -n	jemand, der Theologie, die Wissenschaft von Gott und der Religion, studiert hat
verweilen	bleiben

sacht | vorsichtig
der Wahrsager, - | jemand, der die Zukunft voraussagt

11. Wolfgang Amadeus Mozart
Das Herz adelt den Menschen

der Adel (Singular)	früher ein höherer Stand in der Gesellschaft, der besondere Rechte hatte
adeln	zu einem edlen, guten Menschen machen
der Bube, -n	hier: ein Schimpfwort, gemeiner Mensch
der Diplomat, -en	hier: jemand, der sich so klug und vorsichtig verhält, daß er andere für sich gewinnt und sein Ziel erreicht
Ehre im Leib	Ehre in mir
Er will mir drohen, er Fex	Im 18. Jahrhundert sprach man Personen statt mit „Sie" oft mit der 3. Person Singular an
Euer Hochwürdige Gnaden	früher die Anrede eines Bischofs
der Fex, -	früher ein Schimpfwort, gemeiner Mensch
der Fürsterzbischof, -¨e	hoher Bischof, der zugleich Fürst ist, also über ein Land herrscht
die Galle, -n	hier: Zorn
der Graf, -en	ein niederer Adeliger
der Hofstaat (Singular)	alle Gefolgsleute und Diener am Hof eines Fürsten
der Kammerdiener, -	früher ein Diener, der einen Fürsten persönlich bediente
kriechen, kroch, ist gekrochen	hier: übertrieben schmeicheln, um die Gunst eines hohen Herrn zu gewinnen
der Lausbub, -en	ein Schimpfwort, schmutziger, frecher Junge
lügte	log
der Lump, -en	ein Schimpfwort, gemeiner Mensch
Mon très cher Père	französisch: Mein lieber Vater
die Prophezeiung, -en	Voraussage
wankelmütig	oft seine Gesinnung und Haltung ändernd

12. LUDWIG VAN BEETHOVEN
Sinfonia Eroica

absolut	hier: allein herrschend; das 17. und 18. Jahrhundert war in Europa die Zeit der absoluten Monarchie
der Adelige, -n	Mitglied eines höheren Standes in der Gesellschaft, der besondere Rechte hatte
ancien régime	französisch: alte Herrschaft, Staats- und Gesellschaftsform der absoluten Monarchie
beben	stark zittern
die Epoche, -n	geschichtlicher Zeitraum
ethisch	sittlich, moralisch
das Heilige Römische Reich deutscher Nation	Bezeichnung des Reiches, das von 800–1806 bestand, das sich aber seit dem späten Mittelalter in selbständige Fürstenstaaten auflöste. Es galt als „heilig", weil es „gottgewollt" war und die Christenheit beschützen sollte, es galt als „römisch", weil man es als Nachfolger des alten Römischen Reiches betrachtete. Die „deutsche Nation" war die wichtigste Nation des Reiches, der Kaiser war Deutscher.
heroisch	heldenhaft, wie ein großer Mensch
das Imperium	großes Kaiserreich
intitolata	italienisch: gewidmet
die Partitur, -en	vollständige Niederschrift aller Stimmen eines größeren Musikwerks
der Tyrann, -en	Gewaltherrscher
der Untertan, -en	jemand, der von einem absoluten Herrscher abhängig ist
widmen	als Zeichen der Verehrung ein eigenes Werk für einen anderen bestimmen
die Zensur (Singular)	staatliche Kontrolle von Schriften

13. JOHANN HEINRICH PESTALOZZI
Lehrer der Armen

beibringen, brachte bei, hat beigebracht	lehren
sich durchsetzen	Widerstände überwinden, besonders den Widerstand anderer Personen
invalid	durch Krankheit oder Verletzung körperlich behindert

der Kanton, -e	Bundesland der Schweiz
das Kloster, -¨	Gebäude, in dem Mönche oder Nonnen leben
die Kriegswaise, -n	Kind, das im Krieg seine Eltern verloren hat
die Narbe, -n	bleibende Spur einer verheilten Wunde in der Haut
der Sonderling, -e	jemand, der durch sonderbare Eigenarten bekannt ist
der Staatsrat, -¨e	hoher Staatsbeamter
verwildern	roh, schmutzig und disziplinlos werden
vorwerfen (D), warf vor, hat vorgeworfen	anklagen

14. Sulpiz Boisserée
Die Vollendung des Kölner Doms

die klassische Antike	Zeit und Kultur der alten Griechen und Römer
aufblühen	zu blühen beginnen, an Bedeutung gewinnen
die Autorität, -en	durch Macht oder Können erworbenes Ansehen, hier: eine Person, die Autorität hat
die Bauruine, -n	unvollendet gebliebenes Gebäude
der Chor, -¨e	erhöhter Kirchenraum, wo der Altar steht
Er fiel mir um den Hals.	Er umarmte mich herzlich.
gotisch	Das späte Mittelalter ist die Zeit der Gotik (in Deutschland etwa von 1250–1500). Die gotische Architektur ist gekennzeichnet durch hohe Gewölbe mit Spitzbogen.
der Erzbischof, -¨e	erster Bischof einer Kirchenprovinz
der Grundstein, -e	erster Stein, der beim Baubeginn gelegt wird
der Kerker, -	Gefängnis
der Kronpinz, -en	Sohn des Königs, der nach dem Tod des Vaters König wird
das Mittelalter (Singular)	in der europäischen Geschichte die Zeit von etwa 500 bis 1500
das Mittelschiff, -e	mittlerer, erhöhter Teil einer Kirche
das Motiv, -e	Beweggrund, Leitgedanke, Ursache
der Niederrhein	die Gebiete in den Niederlanden und nordwestlich von Köln, durch die der Rhein fließt
die Reformation (Singular)	durch die „Reformatoren" Luther, Zwingli und Calvin hervorgerufene Bewegung zur Erneuerung der Kirche

die Renaissance (Singular)	französisch: Wiedergeburt, die Jahrzehnte vor und nach 1500, in denen die Kultur der klassischen Antike „wiedergeboren", d.h. wieder entdeckt wurde und als Vorbild diente
die Romantik (Singular)	Strömung der europäischen Literatur, Kunst und Musik vom Ende des 18. bis etwa zur Mitte des 19. Jahrhunderts. Im Gegensatz zur Aufklärung und zum „Klassizismus" betont die deutsche Romantik Gefühl, Phantasie und Glauben und schätzt die Kultur des Volks.
das Seitenschiff, -e	die Teile einer Kirche zu beiden Seiten des höheren Mittelschiffs
das Symbol, -e	ein Zeichen oder Gegenstand, das einen tieferen Sinn ausdrückt
der Verfall (Singular)	allmähliches Zusammenfallen z.B. eines Gebäudes, langsamer Niedergang
der Zerfall (Singular)	allmählicher Niedergang, Auflösung

15. KARL MARX UND FRIEDRICH ENGELS
Proletarier aller Länder, vereinigt euch!

der Aufruhr (Singular)	Revolte einer empörten Menge gegen den Staat oder eine Führung
die Ausbeutung (Singular)	Ausnutzung von Menschen zum eigenen Vorteil
die Bourgeoisie (Singular)	französisch: wohlhabender Bürgerstand, nach Marx herrschende Klasse der kapitalistischen Gesellschaft
der Feudalismus (Singular)	aus dem Mittelalter stammende Herrschafts- und Gesellschaftsform unter der Führung des Adels, der gegenüber Bürgern und Bauern Vorrechte besaß
das Gespenst, -er	umgehender Geist eines Toten, unheimlicher, furchterregender Geist
das Manifest, -e	öffentliche Erklärung, Aufruf, Schrift, die Grundsätze oder ein Programm enthält
der Mittelstand (Singular)	soziale Schicht mit mittlerem Einkommen, zu der Handwerker, Kleinkaufleute, Beamte und Angestellte gehören
das Proletariat (Singular)	Masse der verarmten Arbeiter
die Verheißung, -en	Versprechen eines glücklichen Zustandes
verkünden	öffentlich erklären

der Umsturz, -ᵉe	gewaltsame, grundlegende Änderung der politischen Ordnung

16. Friedrich Wilhelm Nietzsche
Gott ist tot

der Altphilologe, -n	jemand, der die Sprache und Literatur der alten Griechen und Römer studiert hat
die Art, -en	hier: Sorte von Lebewesen mit ganz ähnlichen Merkmalen
atheistisch	nicht an Gott glaubend
derengleichen	wie diese
das Geschöpf, -e	Wesen, das Gott geschaffen hat
hauchen	atmen
klassische Philologie	Wissenschaft von der Sprache und Literatur der alten Griechen und Römer
der Kutscher, -	Mann, der einen Pferdewagen lenkt
die Marter, -n	furchtbarer Schmerz, Qual
das Phantasiegebilde, -	etwas, was nur in der Phantasie, nicht in Wirklichkeit existiert
der Prediger, -	evangelischer Pfarrer
taufen	durch Benetzung mit Wasser in eine christliche Kirche aufnehmen und einen Namen geben
verfluchen	in zornigen Worten jemandem den Tod oder etwas Böses wünschen
der Verkünder, -	jemand, der eine Religion, Philosophie oder Idee lehrt
verwerfen, verwarf, hat verworfen	radikal ablehnen
die Verwirrung	hier: Verlust des Verstandes, Wahnsinn
weihen	Gott widmen
schwärmerisch	sehr begeistert und gefühlvoll

17. Robert Koch
Kampf gegen Seuchen

ansteckend	Eine ansteckende Krankheit wird von einem Kranken auf eine andere Person durch Kleinstlebewesen übertragen
die Bakterie, -n	Kleinstlebewesen, die oft Krankheiten verursachen

der Bazillus, Bazillen	Art von Bakterien
der Bergmann, Bergleute	jemand, der unter der Erde arbeitet, um Kohle, Erz oder Salz zu gewinnen
der Erreger, -	Verursacher (einer Krankheit)
impfen	jemandem einen Schutzstoff gegen eine bestimmte gefährliche Krankheit zuführen
das Mikroskop, -e	Gerät, mit dem man sehr kleine Objekte vergrößert sehen kann
der Nährboden, -̈	Nährstoff, auf dem Bakterien gezüchtet werden
die Reinkultur, -en	das Wachsenlassen einer einzigen Art von Bakterien auf einem Nährboden
die Seuche, -n	gefährliche ansteckende Krankheit, die sich rasch verbreitet
züchten	dafür sorgen, daß Lebewesen sich vermehren

Die folgenden Seuchen sind im Text genannt

die Cholera	meist von Indien ausgehende, in vielen Fällen tödliche Darmerkrankung, die oft durch schmutziges Wasser übertragen wird
die Diphtherie	Erkrankung, die zu schweren Halsbeschwerden führt und besondern bei Kindern oft tödlich ist
die Pest	aus Ostafrika und Zentralasien stammende, meist durch Ratten übertragene tödliche Lungenkrankheit, an der besonders im Mittelalter viele Menschen starben
die Malaria	in warmen, feuchten Ländern durch Mücken übertragene Krankheit, die sich durch periodisches Fieber äußert, daher auch „Wechselfieber" genannt
die Pocken	sehr ansteckende Seuche, die auf der Haut viele Narben zurückläßt und oft zum Tod führt
die Schlafkrankheit	Krankheit im tropischen Afrika, die durch Fliegen übertragen wird und nach Fieber, Abmagerung, Schlafsucht und Bewußtlosigkeit zum Tod führt
der Tetanus	oft tödliche Erstarrung der Muskeln, verursacht durch Bazillen, die durch Wunden in den Körper eingedrungen sind
die Tuberkulose	Tbc, ansteckende Krankheit, die zur Zerstörung der Lunge und zum Tod führen kann

18. RUDOLF DIESEL
Es ist schön, so zu erfinden

einspritzen	durch eine kleine Öffnung den Treibstoff in den Zylinder pressen
erschüttern	durch einen starken Stoß zum Schwanken bringen
faszinieren	einen sehr großen Reiz ausüben, ein sehr großes Interesse erregen, begeistern
der Generator, -en	Maschine, die Elektrizität erzeugt
der Kolben, -	zylinderförmiger Körper, der sich im Motor auf und ab bewegt
der Prophet, -en	jemand, der die Zukunft voraussieht
rationell	hier: mit möglichst wenig Treibstoff eine möglichst hohe Leistung erzeugend, sparsam
der Traktor, -en	Fahrzeug, das Wagen oder landwirtschaftliche Geräte zieht
der Verschwender, -	hier: ein Motor, der zuviel Treibstoff verbraucht
der Viertakt-Gasmotor, -en	Motor, dessen Arbeitskreislauf aus vier Kolbenbewegungen (Takten) besteht und der mit Gas arbeitet
verdichten	zusammenpressen
der Wirkungsgrad, -e	Verhältnis von Nutzleistung zur zugeführten Leistung
zünden	hier: eine so hohe Temperatur erzeugen, daß der Treibstoff zu brennen beginnt
der Zylinder, -	im Motor ein rohrförmiger Körper, in dem sich der Kolben bewegt

19. THOMAS MANN
Buddenbrooks – Verfall einer Familie

der Aufschwung (Singular)	rasche, gute Entwicklung der Wirtschaft
aufstreben	nach Reichtum und Einfluß streben
der Ausbruch (Singular)	Beginn (eines Krieges)
blenden	täuschen
der Charakter, -e	hier: Persönlichkeit in einem literarischen Werk
die Chronik, -en	Aufzeichnung geschichtlicher Ereignisse nach ihrem zeitlichen Ablauf
der Geschäftssinn (Singular)	Klugheit in geschäftlichen Dingen
liberal	freiheitlich gesinnt

122

der Romantiker, -	Person mit romantischen Ideen; Gefühl, Phantasie und Glaube, aber oft auch ein Mangel an Wirklichkeitssinn kennzeichnen einen Romantiker
das Schicksal, -e	in seinen … Schicksalen, d.h. im Glück und Unglück der Personen seines Romans
der Stammvater, -¨	Vater eines Familiengeschlechts
stattlich	groß und schön
der Verfall (Singular)	Abstieg, Niedergang
Werther	„Die Leiden des jungen Werthers", erster Roman Goethes (1874)
widerlegen	beweisen, daß etwas falsch ist

20. KÄTHE KOLLWITZ
Bilder menschlicher Not

die Ausbeutung (Singular)	Ausnutzung von Menschen zum eigenen Vorteil
fletschen	drohend die Zähne zeigen
der Groschen, -	kleine alte Münze, heute kleinste österreichische Geldeinheit
die Hingabe (Singular)	Opferung seiner selbst für eine Idee, eine Sache oder eine Person, großer Eifer für etwas
die Lithographie (Singular)	Steindruck
der Markstein, -e	Ereignis, das eine entscheidende Wendung herbeiführt, bedeutendes Ereignis
das Mißfallen (Singular)	Nicht-Gefallen, Ablehnung
naturalistische Kunst	Kunst (etwa 1890–1900), die eine möglichst naturgetreue, unbeschönigte Darstellung der Wirklichkeit anstrebt
die Radierung, -en	Kopie von einer auf einer Kupferplatte eingeritzten Zeichnung
das Rasen (Singular)	wildes, sinnloses Treiben
die Szene, -n	kurzer, abgeschlossener Teil eines Theaterstücks
verfügen	amtlich anordnen, bestimmen
der Webstuhl, -¨e	Gerät zur Herstellung von Stoffen
die Uraufführung, -en	die erste Aufführung eines Dramas

21. WILHELM CONRAD RÖNTGEN
Strahlen, die Millionen Menschen retten

die Andeutung, -en	Hinweis, kurze Erwähnung
einschmelzen, schmolz ein, hat eingeschmolzen	verflüssigen und einfügen. Die Glasröhre wurde an einer Stelle erhitzt und flüssig gemacht, so daß man das Metallstück durch das flüssige Glas in die Röhre stecken konnte. Dann kühlte das Glas ab und wurde hart.
erschließen, erschloß, hat erschlossen	folgern, aus bekannten Tatsachen durch Nachdenken etwas Unbekanntes als wahr erkennen
gemäß	entsprechend
der Graben, -¨	hier: eine Vertiefung in der Erde zum Schutz von Soldaten
herrühren, rührte her	kommen von
die Kathode, -n	negativer Pol in einer Elektronenröhre
der Röntgenologe, -n	Wissenschaftler, der Röntgenstrahlen untersucht
die Spannung (Singular)	zwischen zwei elektrischen Polen herrscht eine Spannung
der Umriß, Umrisse	Begrenzung eines Gegenstandes
das Vakuum (Singular)	gasleerer Raum

22. ALBERT SCHWEITZER
Ehrfurcht vor dem Leben

in Anschauung dessen	wenn man bedenkt, betrachtet
das Deck, -s	oberstes Stockwerk eines Schiffes
der Egoismus (Singular)	Eigenliebe, Selbstsucht
die Ethik (Singular)	Lehre vom guten, sittlichen Handeln
fluchen	den Namen Gottes im Zorn aussprechen, jemandem in zornigen Worten Böses wünschen
geistesabwesend	mit seinen Gedanken irgendwo anders sein
das Kolonialreich, -e	Reich unter der Führung eines europäischen Staates mit Kolonien in anderen Erdteilen
die Kreatur, -en	Geschöpf Gottes
mitempfinden, empfand mit, hat mitempfunden	mitfühlen, mitleiden
das Nilpferd, -e	Flußpferd, großes, dickes Tier, das in den Flüssen Afrikas lebt
die Predigt, -en	Ansprache in der Kirche

ringen, rang, hat gerungen	hier: sich mit ganzer Kraft um etwas bemühen
der Schleppkahn, -¨e	ein kleines, flaches Schiff, das andere Kähne zieht
der Vikar, -e	junger Pfarrer, der einem anderen Pfarrer zur Ausbildung zugewiesen ist
vornehm	gut und edel; das Wort ist ironisch gemeint, d.h. es bedeutet das Gegenteil
die Sittlichkeit (Singular)	Handeln, Denken und Wollen freier Menschen, das auf das Gute ausgerichtet ist. Ein sittlicher Mensch achtet alle Lebewesen, schadet ihnen nicht und hilft ihnen, soweit es möglich ist. Er achtet die moralischen Normen der Gesellschaft.

23. Franz Kafka
Dem Frost dieses unglückseligsten Zeitalters ausgesetzt

das Ansehen (Singular)	Achtung, Respekt
aufstreben	sich darum bemühen, wohlhabend und einflußreich zu werden
aussetzen	hier: in eine hoffnungslose Lage bringen
der Fanatiker, -	jemand, der leidenschaftlich und rücksichtslos für eine Idee oder Sache kämpft
das Fehlläuten (Singular)	irreführendes Signal einer Glocke Der Landarzt will damit sagen, daß er einem Signal gefolgt ist, das ihn aus seinem normalen Leben herausgerissen und in die Einsamkeit und Hilflosigkeit geführt hat.
das Getto, -s	hier: abgeschlossener Teil einer Stadt, in dem Juden wohnen
die Habsburger Monarchie	die österreichische Monarchie der Familie der Habsburger (1278–1918)
der Handteller, -	die innere Handfläche
die Karls-Universität	die von dem deutschen Kaiser Karl IV. (1347–1378) gegründete Prager Universität
keimen	aus einem Samen zu wachsen beginnen
die Oberschicht (Singular)	der wohlhabende und einflußreiche Teil der Bevölkerung
obertags	auf der Erdoberfläche
die Tuberkulose (Singular)	Tbc, ansteckende Krankheit, die zur Zerstörung der Lunge und zum Tod führen kann

unirdische Pferde	keine wirklichen Pferde, sondern Traumwesen
verkümmern	sehr schwach werden
sich winden, wand sich, hat sich gewunden	sich drehend und krümmend bewegen

24. WALTER GROPIUS UND LUDWIG MIES VAN DER ROHE
Kunst und Technik – eine neue Einheit

der Campus (Singular)	Gelände einer Universität, bes. in den USA
das Fensterband, -ˮer	zusammenhängende Reihe von Fenstern
imitieren	nachahmen
die Landflucht (Singular)	die Übersiedlung von Menschen vom Land in die Stadt, um dort besser zu leben
die Ornamentik (Singular)	Verzierungskunst
prägen	bestimmen, formen
der Prototyp, -en	Muster, Modell, erste Ausführung eines Produkts, die dazu dient, das Produkt zu prüfen
der Prunk (Singular)	übertrieben reiche und glanzvolle Ornamentik
die SA (Singular)	Sturm-Abteilung, nationalsozialistische Kampftruppe
die Sachlichkeit (Singular)	Gestaltung, die sich an den „Sachen" orientiert, die Einfachheit, Klarheit und Sparsamkeit erstrebt und Phantasie, Gefühl und Ornamentik ablehnt
das Skelett, -e	Knochenbau des Körpers, hier: Gerüst aus Stahl und Beton im Innern eines Gebäudes, welches das Gebäude hält und trägt
die Skyline, -s	englisch: Silhouette, Umrisse einer Stadt gegen den Himmel gesehen
die Spätromantik (Singular)	eine Bewegung in der 2. Hälfte des 19. Jahrhunderts, die die deutsche Vergangenheit verherrlicht, zum Nationalstolz neigt und deren „Kunst" durch ornamentreiche Nachahmung früherer Stile gekennzeichnet ist
die Symmetrie, -n	spiegelbildliche Übereinstimmung
wilhelminisch	Bezeichnung der Zeit von 1871–1918 (Kaiser Wilhelm I, 1871–1888, Wilhelm II, 1888–1918)

25. EMIL NOLDE
Entartete Kunst – ungemalte Bilder

ächten	aus der Gemeinschaft ausschließen
das Aquarell, -e	mit Wasserfarben gemaltes Bild
beschlagnahmen, beschlagnahmte, hat beschlagnahmt	in amtlichem Auftrag wegnehmen
entartet	nicht mehr seiner Art entsprechend, schlecht geworden
Expressionismus, expressionistisch	Ausdruckskunst, Kunstrichtung des frühen 20. Jahrhunderts, die das innere Wesen der Menschen und Dinge ausdrücken will
die Gestapo (Singular)	geheime Staatspolizei Hitlers
das Hakenkreuz, -e	Symbol der Nationalsozialisten
jiddisch	verachtend: jüdisch
der Kupferstich, -e	Bild, das durch den Druck mit einer Kupferplatte entstanden ist, in die das Bild eingeritzt wurde
NSDAP	Nationalsozialistische Deutsche Arbeiter-Partei
die Plastik, -en	Werk der Bildhauerkunst
profan	nicht geistlich, hier: die Schönheit der Kunst nicht erkennend
die Satire, -n	witzige, spottende oder bittere literarische oder künstlerische Darstellung menschlicher Schwächen
der Zyklus, Zyklen	hier: mehrere Kunstwerke, die zusammengehören

26. ALBERT EINSTEIN
Die Verantwortung der Wissenschaftler

die Annalen (Plural)	Jahrbücher, hier: eine Zeitschrift für Physik
eidgenössisch	schweizerisch
die Elektrodynamik (Singular)	Lehre von den zeitlich veränderlichen elektromagnetischen Feldern
ein für allemal	für immer
die Hypothese, -n	noch unbewiesene Theorie
das Patent, -e	amtliche Bestätigung, daß jemand eine Erfindung gemacht hat und sie allein nutzen darf
das Patentamt, -¨er	Amt, das Patente ausstellt
der Pazifismus (Singular)	Ablehnung des Krieges und des Kriegsdienstes
der Pazifist, -en	jemand, der Krieg und Kriegsdienst ablehnt

seine Majestät	Titel und Anrede eines Königs oder Kaisers
die Toleranz (Singular)	Duldung und Achtung der Meinung Anders-denkender
der Urankern	Kern des Schwermetalls Uran (U)
verkünden	öffentlich erklären

27. BERTOLT BRECHT
Leben des Galilei

das Debut (Singular)	französisch: Beginn
das Gestirn, -e	Himmelskörper, Stern
es geht um ...	das Thema ist ...
herum	hier: zu Ende
die Inquisition (Singular)	Untersuchung und Bestrafung durch Institutionen der katholischen Kirche, um „Irrlehren" zu bekämpfen. Die Inquisition war besonders im Mittelalter und im 16. und 17. Jahrhundert aktiv.
der Rock, -¨e	hier: kurzer Mantel
der Rüstungswettlauf (Singular)	das Bemühen verfeindeter Staaten, immer wirksamere Waffen zu haben als der Gegner
die Verblendung	Täuschung

28. DIE GESCHWISTER SCHOLL UND DIE WEIßE ROSE
Für ein neues, geistiges Europa

das Beil, -e	Axt, Werkzeug zum Holzspalten, hier: zum Töten einer zum Tod verurteilten Person
das Bekenntnis, -se	Religionsgemeinschaft
die Clique, -n	kleine Gruppe von (oft verbrecherischen) Personen, die sich gegenseitig unterstützen
HJ	Hitler-Jugend, nazionalsozialistische Jugendorganisation
der Hochverrat (Singular)	Verbrechen, das die Sicherheit eines Staates gefährdet
die Kolonne, -n	Reihe von Personen, die geordnet hintereinander marschieren
der Lichthof, -¨e	an der Universität München eine große Halle, in die durch ein Glasdach Licht fällt
in Scherben fallen	in kleine Stücke zerbrechen, zerfallen
die Synagoge, -n	jüdisches Gotteshaus

der Volksgerichtshof (Singular)   oberstes Gericht der Nationalsozialisten
verkünden   öffentlich erklären
vollstrecken   (ein Gerichtsurteil) ausführen
die Wehrmacht (Singular)   deutsche Armee zur Zeit Hitlers
Stalingrad   heute Wolgograd, Stadt an der unteren Wolga

29. LEW KOPELEW
Aufbewahren für alle Zeit

agitieren   aggressiv für bestimmte politische oder soziale Ziele werben
alleinseligmachend   allein zur Seligkeit führend, allein richtig
ausbürgern   jemandem die Staatsangehörigkeit entziehen
der Einmarsch (Singular)   Eindringen von Truppen in ein fremdes Land
der Einsatz, -¨e   Bemühung, Arbeit für ein Ziel
das Feldgefängnis, -se   Gefängnis für die eigenen Soldaten in der Nähe der Front
das Lazarett, -e   Krankenhaus für verwundete Soldaten
die Lebensmittelkarte, -n   in Notzeiten eine Karte, mit der man bestimmte Lebensmittel in kleinen Mengen kaufen kann
der Major, -e   höherer Offizier
das moralische Niveau   hier: Grad der Bereitschaft der Soldaten zu kämpfen
propagieren   für eine Idee werben
Rehabilitierung (Singular)   amtliche Erklärung, daß ein Verurteilter unschuldig ist, daß er seine alten Rechte wieder erhält
der Rotarmist, -en   Soldat der Roten Armee
das Territorium, -ien   Land, Landesteil
Bist du des Teufels!   Bist du ein Helfer des Teufels! Bist du wahnsinnig!
der Untersuchungsrichter, -   Richter, der untersucht, ob jemand ein Verbrechen begangen hat
verheißen, verhieß, hat verheißen eine glückliche Zukunft versprechen
das Verhör, -e   gerichtliche Befragung eines Verhafteten
die Wehrmacht (Singular)   deutsche Armee zur Zeit Hitlers

30. HEINRICH BÖLL
Wie Gewalt entstehen und wohin sie führen kann

der Bestseller, - englisch: Buch, das einen großen Erfolg hat
freies Geleit Begleitung zum Schutz vor Verhaftung, das Versprechen, jemanden nicht zu verhaften
der Großalarm (Singular) Aufruf an viele Polizisten, einen Verbrecher zu suchen
die Hure, -n Frau, die Liebe verkauft
die Ironie (Singular) versteckter Spott
der Linksfaschist, -en jemand, der politisch links steht, sich aber wie ein Faschist verhält
die Medien (Plural) Mittel der Information wie Fernsehen, Radio und Zeitungen
der Medienkrieg, -e ein heftiger Streit, der in den Medien ausgetragen wird
der Schrittmacher, - hier: jemand, der vorausgeht, der am Anfang eine Idee oder eine Bewegung so tatkräftig fördert, daß sie Erfolg hat
der Sympathisant, -en jemand, der eine Idee, eine Bewegung oder eine (radikale) politische Gruppe unterstützt

31. FRIEDENSREICH HUNDERTWASSER
Natur, Kunst und Schöpfung sind eine Einheit

entgehen, entging, ist entgangen einer drohenden Gefahr entkommen
der Fluch, -̈e hier: etwas, was Unheil mit sich bringt
geschwungen einen großen Bogen bildend
die Mafia (Singular) (italienische) Verbrecherorganisation
die Mentalität (Singular) Denkweise, Sinnesart, Geistesart
permanent dauernd
postmodern in der Architektur Bezeichnung einer Richtung, die auf die „klassische" Moderne (einfacher, technikbetonter „Bauhausstil") folgt und durch Phantasie, Experimente und größeren Farben- und Formenreichtum gekennzeichnet ist
die Romantik (Singular) Strömung der europäischen Literatur, Kunst und Musik vom Ende des 18. bis etwa zur Mitte des 19. Jahrhunderts. Die Romantik betont Gefühl, Phantasie und Glauben, sie schätzt die Kunst des christlichen Mittelalters und liebt Ornamentik (Neugotik)

spiralförmig	Die Spirale ist eine Kurve, die sich kreisend einem Zentrum nähert
umstritten	umstritten ist jemand, über den man sich streitet

32. Jürgen Fuchs und Wolf Biermann
Zeigen Sie uns Ihre Gedichte

ausbürgern	die Staatsangehörigkeit entziehen
die Bürokratie (Singular)	die Beamten und Angestellten eines Staates (das Wort wird meist im negativen Sinn verwendet)
Frühjahr 1968	Damals fand in der Tschechoslowakei eine Revolte gegen die kommunistische Herrschaft statt, die von Truppen des Warschauer Pakts niedergeschlagen wurde.
die Hetze (Singular)	böswillige Schädigung des guten Rufs
der Hetzer, -	jemand, der hetzt
Wir wurden in Kenntnis gesetzt	uns wurde mitgeteilt
der PKW, -s	Personenkraftwagen
der Prorektor, -en	Stellvertreter des Rektors
SED	Sozialistische Einheitspartei Deutschlands, führende Partei in der ehemaligen DDR
die Staatssicherheit (Singular) („Stasi")	Geheimpolizei in der ehemaligen DDR
das Verhör, -e	gerichtliche Befragung eines Verhafteten
die Zelle, -n	kleiner Raum für einen Gefangenen in einem Gefängnis
in Zivil	in normaler Kleidung, nicht in Uniform

33. Kurt Masur
Die friedliche Revolution

die Besonnenheit (Singular)	ein besonnener Mensch bleibt in einer erregenden Situation ruhig und vernünftig
der Bezirk, -e	abgegrenztes Gebiet, Verwaltungseinheit
betroffen	sehr besorgt, überrascht über etwas Schlimmes
der Countdown	englisch: das Zählen bis zum Start einer Rakete, hier: die letzten gespannten Minuten vor einem erwarteten schlimmen Ereignis

die Delegation, -en	Gruppe von Personen, die in offiziellem Auftrag zu (politischen) Tagungen oder Konferenzen (ins Ausland) geht
der Funktionär, -e	hier: jemand, der in einer Partei eine besondere Aufgabe hat
die Gasmaske, -n	Gesichtsschutz gegen giftiges Gas
das Gewandhaus (Singular)	Name des Konzertgebäudes in Leipzig (ursprünglich Name des Hauses der Tuchmacher)
das Heerlager, -	freier Platz, wo viele Soldaten lagern
das Jubiläum, Jubiläen	festlicher Gedenktag, Jahrestag
der Knüppel, -	Schlagstock
der Kommandeur, -e	Befehlshaber einer (militärischen) Einheit
konterrevolutionär	gegen eine Revolution kämpfend
die Letter, -n	Druckbuchstabe
Nationale Volksarmee	Armee der ehemaligen DDR
Neues Deutschland	offizielle Zeitung der SED
die Sanitätsstelle, -n	Ort, wo Verletzte behandelt werden
der Schützenpanzer, -	leichter Panzerwagen, der Soldaten transportiert
die SED	Sozialistische Einheitspartei Deutschlands
der Sprechchor, -¨e	große Gruppe von Menschen, die einstimmig etwas sprechen oder ausrufen
der Staatssicherheitsdienst	Geheimpolizei der ehemaligen DDR
der Stacheldraht (Singular)	Draht mit metallenen Spitzen zur Sperrung einer Grenze
die Zuschrift, -en	hier: Leserbrief an eine Zeitung

34. RUPERT NEUDECK
Cap Anamur – Hilfe für die Ärmsten

sich abspielen	geschehen
sich anbahnen	sich zu entwickeln beginnen
der Ausbruch, -¨e	plötzlicher Beginn
boat people	englisch: Bootsleute, Bootsflüchtlinge
chartern	ein Schiff oder Flugzeug mieten
Comité: Un Bateau pour le Vietnam	französisch: Komitee: ein Schiff für Vietnam
einsehen, sah ein, hat eingesehen	verstehen
e.V.	„eingetragener Verein": in die amtliche Vereinsliste eingeschriebener, rechtlich anerkannter Verein
die Ideologie, -n	Grundlage einer politischen Theorie

das Komitee	Ausschuß, Gruppe von Personen, die mit der Organisation einer Sache beauftragt sind
das Leitbild, -er	Vorbild, Ideal
Médicins du Monde	französisch: Ärzte der Welt
Port de Lumière	französisch: Hafen des Lichts
die Predigt, -en	Ansprache in einer Kirche

Personenregister

Aristoteles	griechischer Philosoph, 384–322 vor Christus
Ernst Barlach	deutscher Bildhauer, Graphiker und Dichter, 1870–1938
August Bebel	deutscher sozialdemokratischer Parteiführer, 1840–1913
Max Beckmann	deutscher Maler und Graphiker, 1884–1950
Ludwig van Beethoven	1770–1827
Emil von Behring	deutscher Bakteriologe und Arzt, 1854–1917
Wolf Biermann	*1936
Niels Bohr	dänischer Atomphysiker, 1885–1962
Sulpiz Boisserée	1783–1854
Heinrich Böll	1917–1985
Tycho Brahe	dänischer Astronom, 1546–1601
Volker Braun	Schriftsteller aus der ehemaligen DDR, *1939
Bertolt Brecht	1898–1956
Johannes Calvin	französisch-schweizerischer Reformator, 1509–1564
Marc Chagall	russisch-jüdischer Maler, 1887–1985
Lovis Corinth	deutscher Maler und Graphiker, 1858–1925
Charles Darwin	englischer Naturwissenschaftler, 1809–1882
Rudolf Diesel	1858–1913
Otto Dix	deutscher Maler, 1891–1969
Sir A. Stanley Eddington	britischer Astronom und Physiker, 1882–1944
Thomas Alva Edison	amerikanischer Elektrotechniker und Erfinder, 1847–1931

Albert Einstein	1879–1955
Friedrich Engels	1820–1895
Lyonel Feininger	amerikanisch-deutscher Maler, 1871–1956
Enrico Fermi	italienischer Atomphysiker, 1901–1954
Ludwig Feuerbach	deutscher Philosoph, 1804–1872
Jürgen Fuchs	*1950
Vasco da Gama	portugiesischer Seefahrer, 1468–1524
John Gay	englischer Schriftsteller, 1685–1732
André Glucksmann	französischer Philosoph, *1937
Johann Wolfgang von Goethe	1749–1832
Walter Gropius	1883–1969
Georg Grosz	deutscher Maler und Graphiker, 1893–1959
Johannes Gutenberg	1397–1468
Otto Hahn	deutscher Chemiker, 1879–1968
Georg Friedrich Händel	1685–1759
Gerhart Hauptmann	deutscher Dramatiker, 1862–1946
Robert Havemann	Philosoph aus der ehemaligen DDR, 1910–1982
Heinrich Heine	deutsch-jüdischer Dichter, 1797–1856
Victor Hugo	französischer Schriftsteller, 1802–1885
Wilhelm von Humboldt	preußischer Gelehrter und Staatsmann 1767–1835
Friedensreich Hundertwasser	*1928
Edward Jenner	englischer Arzt, 1749–1823
Franz Kafka	1883–1924
Wassily Kandindsky	russischer Maler und Graphiker, 1866–1944
Immanuel Kant	deutscher Philosoph, 1724–1804
Erich Kästner	deutscher Schriftsteller, 1899–1974
Johannes Kepler	1571–1630
Ernst Ludwig Kirchner	deutscher Maler, Graphiker und Bildhauer, 1880–1938
Shibasaburo Kitasato	japanischer Bakteriologe, 1856–1931
Paul Klee	schweizerisch-deutscher Maler, 1879–1940
Friedrich Gottlieb Klopstock	deutscher Dichter, 1724–1803
Robert Koch	1843–1910
Oskar Kokoschka	österreichischer Maler, Graphiker und Dichter, 1886–1980
Käthe Kollwitz	1867–1945
Christoph Kolumbus	italienisch-spanischer Seefahrer, 1451–1506
Lew Kopelew	*1912
Nikolaus Kopernikus	1473–1543

Günther Kunert	Schriftsteller aus der ehemaligen DDR, *1929
Reiner Kunze	Schriftsteller aus der ehemaligen DDR, *1933
Ferdinand Lassalle	Gründer der sozialdemokratischen Bewegung in Deutschland, 1825–1864
Max von Laue	deutscher Physiker, 1879–1960
Charles Laughton	englischer Schauspieler, 1899–1962
Gotthold Ephraim Lessing	1729–1781
Wilhelm Liebknecht	deutscher sozialdemokratischer Parteiführer, 1826–1900
Martin Luther	1483–1546
Fernao de Magellan	portugiesischer Seefahrer, um 1480–1521
Thomas Mann	1875–1955
Franz Marc	deutscher Maler, 1880–1916
Christopher Marlowe	englischer Dramatiker, 1564–1593
Karl Marx	1818–1883
Kurt Masur	*1927
Ludwig Mies van der Rohe	1886–1969
Wolfgang Amadeus Mozart	1756–1791
Otto Müller	deutscher Maler und Graphiker, 1874–1930
Rupert Neudeck	*1939
Friedrich Wilhelm Nietzsche	1844–1900
Emil Nolde	1867–1956
Jacob Oppenheimer	amerikanischer Atomphysiker, 1904–1967
Gerulf Pannach	Liedermacher aus der ehemaligen DDR, *1948
Louis Pasteur	französischer Chemiker und Biologe, 1822–1895
Johann Christoph Pepusch	deutscher, in London lebender Musiker 1667–1752
Johann Heinrich Pestalozzi	1746–1827
Max Planck	deutscher Physiker, 1858–1947
Pol Pot	Diktator in Kambodscha
Ptolemäus	griechischer Astronom, ca. 100–160
Henry Purcell	englischer Musiker, 1659–1695
Hermann Samuel Reimarus	Philosoph und Theologe, 1694–1768
Wilhelm Conrad Röntgen	1845–1923
Jean-Jacques Rousseau	französisch-schweizerischer Schriftsteller und Philosoph, 1712–1778

Andrej Sacharow	russischer Physiker, 1921–1989
Saladin	Sultan von Ägypten und Syrien, 1138–1193
Friedrich Schiller	1759–1805
Friedrich Schlegel	deutscher Philosoph und Literaturhistoriker 1772–1829
Andreas Schlüter	um 1660–1714
Karl Schmidt-Rottluff	deutscher Maler und Graphiker, 1884–1976
Hans Scholl	1918–1943
Sophie Scholl	1921–1943
Arthur Schopenhauer	deutscher Philosoph, 1788–1860
Albert Schweitzer	1875–1965
Seneca	römischer Schriftsteller und Philosoph, 4 v.Chr.65 n.Chr.
Aleksandr Solschenizyn	russischer Schriftsteller, *1918
Friedrich Spee von Langenfeld	1591–1635
Leo Szilard	ungarisch-amerikanischer Atomphysiker, 1898–1964
Mark Twain	amerikanischer Schriftsteller, 1835–1910
William Tyndall	englischer Bibelübersetzer, etwa 1590–1536
Alexandre J. E. Yersin	schweizerisch-französischer Tropenarzt, 1863–1943
Zarathustra	altiranischer Religionsstifter und Prophet, der um 600 vor Christus lebte
Stefan Zweig	österreichisch-jüdischer Schriftsteller, 1881–1942